CROSSING ON TIME

Copyright © 2018 by David Macaulay
This Korean edition was published by Book21 Publishing Group in 2021
by arrangement with Roaring Brook Press, a division of Holtzbrinck Publishing Holdings Limited Partnership
through KCC(Korea Copyright Center Inc.), Seoul.
All rights reserved.

이 책은 (주)한국저작권센터(KCC)를 통한 저작권자와의 독점계약으로 북이십일에서 출간되었습니다.
저작권법에 의해 한국 내에서 보호를 받는 저작물이므로 무단전재와 복제를 금합니다.

아빠가 미국에 있는 새 일자리를 얻었다. 1957년 봄 당시 우리 가족은 영국에 살고 있었다. 미국으로 간다는 것은 우리에게 아주아주 엄청난 모험이었다. 문제는 우리가 먼저 대서양을 건너야만 한다는 사실이었다.

누군가 나에게 영국에 관해 물으면 얼마든지 답할 수 있었다. 예를 들어 갑옷 입은 기사나 중세 성,《버드나무에 부는 바람》, 증기 기관차, 굴뚝이 2개 달린 퀸 엘리자베스호나 굴뚝이 3개 달린 퀸 메리호 같은 것 말이다.

하지만 내가 미국에 대해 아는 것이라고는 우리 집 작은 흑백텔레비전에서 본 카우보이와 엠파이어 스테이트 빌딩뿐이었다. 그 빌딩은 내가 가진《어린이 과학 백과사전》에 컬러 그림으로 실린 다른 어떤 건물들보다 훨씬 더 커 보였다. 나는 하루라도 빨리 그 빌딩을 내 눈으로 보고 싶었다.

부모님은 여권과 미국 비자를 신청하고, 복잡한 서류들의 빈칸을 써넣느라 바빠 보였다. 하지만 누나와 동생과 나, 우리 세 남매는 건강한지 확인하려고 가슴을 엑스레이로 찍은 일 말고는 한동안 따분하게 보냈다. 우리가 무엇을 버리고 무엇을 가져갈지 정하는 날에서야 비로소 이사 가는 실감이 났다. 그즈음 우리 가족은 영국으로 건너온 어떤 가족에게서 선실 침대 밑에 놓을 만한 커다란 여행 가방 2개를 샀다. 우리는 스티커가 다닥다닥 붙은 두 가방 속에 들어갈 만큼만 물건을 골라야 했다.

엄마는 자기 몫의 새 카펫까지 챙겼지만, 우리 세 남매는 각자 책 세 권씩만 가져갈 수 있었다. 나는 먼저 《어린이 과학 백과사전》과 《로빈슨 크루소》를 골랐다. 《로빈슨 크루소》에는 부서진 배의 나뭇조각으로 가구를 만드는 방법이 그려져 있어 만일 그런 일이 생기면 매우 쓸모가 있을 것 같았다. 나머지 한 권은 온갖 비행기 그림이 실린 두꺼운 그림책과 《외로운 당나귀 네드》라는 얇은 그림책을 놓고 고민했다. 나는 제발 둘 다 가져가게 해 달라고 엄마에게 졸랐지만, 내 말은 먹히지 않았다. 그래서 난 할 수 없이 당나귀 책을 골랐다.

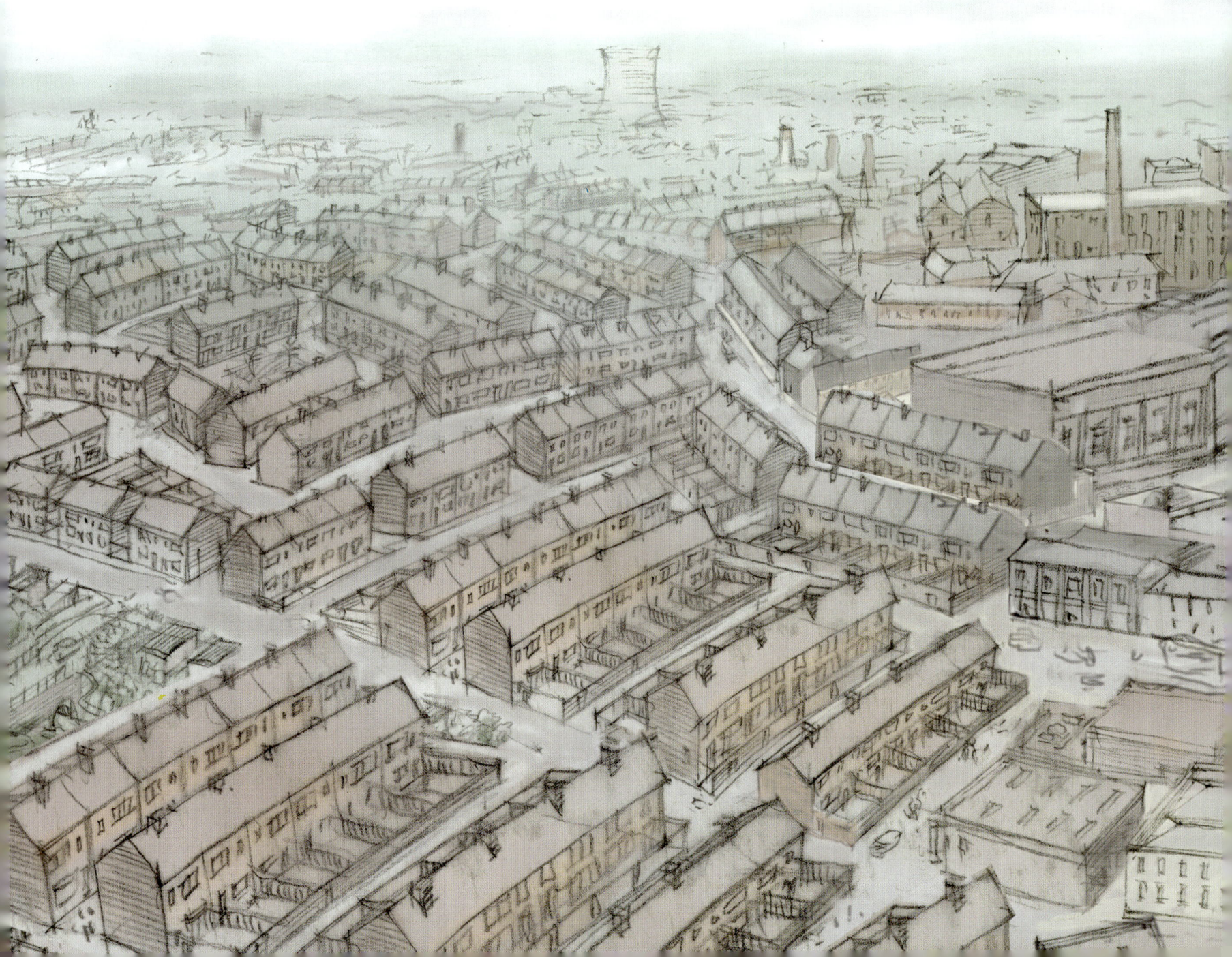

우리가 모험을 떠날 거라는 말을 처음 들은 날부터 이사 준비를 다 마치기까지 무려 4개월이나 걸렸다. 마지막까지 남은 가구들은 필요한 사람에게 팔거나 주었다. 우리는 가까운 이웃과 친구들에게 작별 인사를 하고, 할머니 할아버지와 함께 정든 집을 떠났다. 드디어 엠파이어 스테이트 빌딩에 조금씩 가까워지는 기분이 들었다. 한 달이 지날 무렵 아빠는 새로운 일도 시작하고, 새 집도 구하러 비행기를 타고 미국으로 먼저 떠났다.

그로부터 한 달 뒤가 맥컬레이 가족이 바다 건너 신대륙 미국에서 다시 모이기 위해 배를 타야 할 시간이었다.

우리는 배를 타고 바다를 5일이나 가로질렀다. 정말 멀고 먼 길이었다. 나는 나중에야 알았지만, 우리 가족의 실제 여행 준비 기간은 내가 알던 것보다 훨씬 더 길었다.

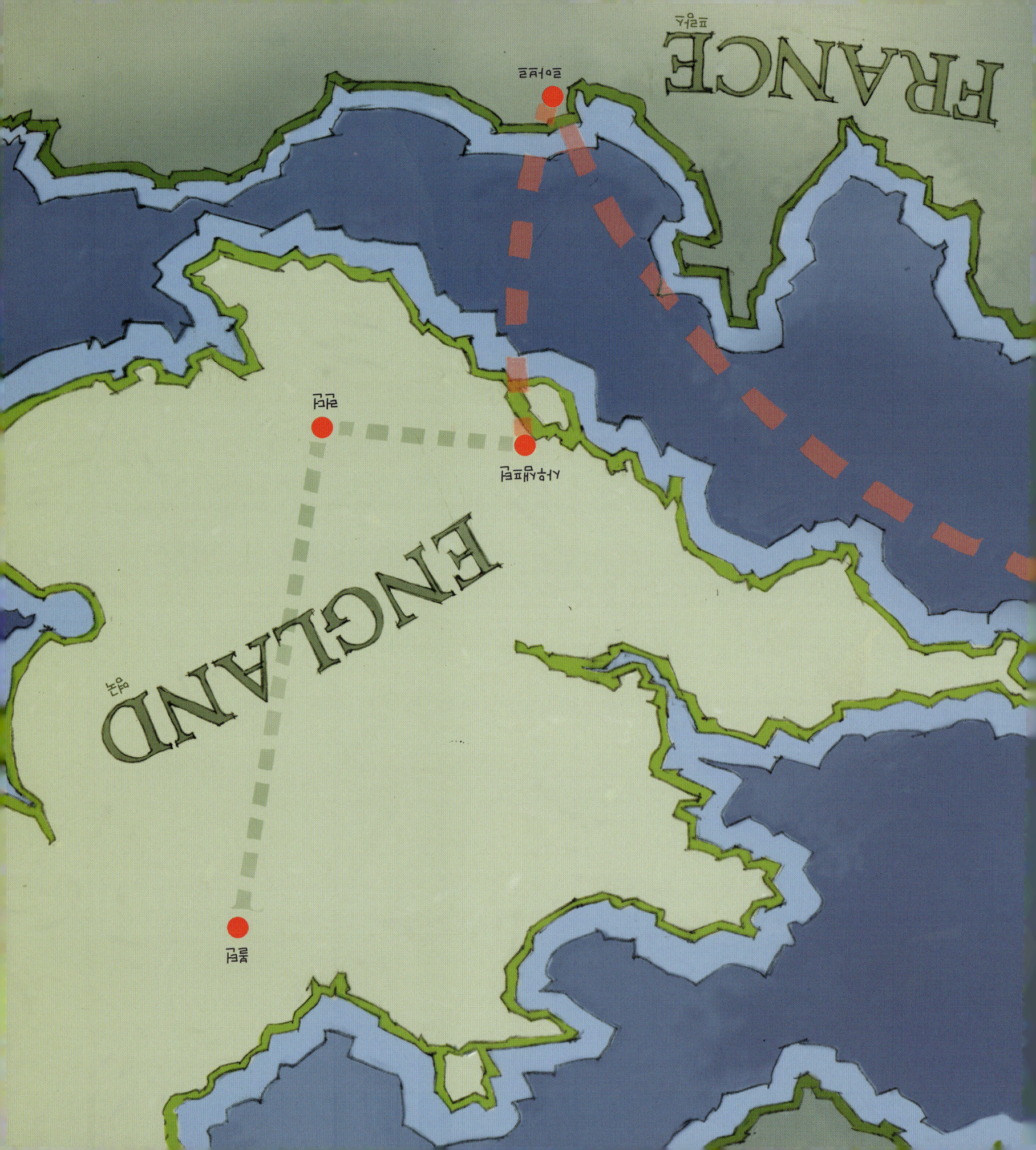

너무 빠른 배라고!

이한음 옮김 | 정준모 감수

아주 크고 빠른 배

아울북

1

대서양을 횡단하는 배는 1800년대 이전까지 오직 바람이 돛을 미는 힘으로 움직였다. 그 당시 선주들은 배에 탈 승객들을 모으기가 무척 어려웠다. 왜냐하면 바람은 늘 변화무쌍해서 배가 언제 출발할 수 있을지 모를뿐더러 항해가 얼마나 오래 걸릴지도 알 수 없었기 때문이다. 게다가 바다를 건너는 동안 바람이 계속 불어 줄지 행여 거센 바람이 불어와 위험에 처하지는 않을지 아무도 앞일을 알 수가 없었다. 그래서 대서양 횡단 여행은 믿을 만한 동력원을 찾아내기 전까지 누구나 망설일 수밖에 없는 엄청난 모험이었다. 걱정이 많거나 일정이 빠듯한 사람은 더더욱 그랬다.

해운업자들만 새로운 동력원을 찾는 것은 아니었다. 광산의 갱도 안에는 물이 늘 차올라서 수 세기 동안 해 오던 채굴 작업이 예전보다 훨씬 더 힘들고 위험해졌다. 갱도 밖으로 물을 퍼내기 위해 사람이나 동물 또는 물과 바람의 힘으로 작동되는 온갖 펌프를 사용해 봤지만 별로 소용이 없었다. 그래서 광산업자들도 더 좋은 방법을 간절히 찾고 있었다.

1600년대의 영국과 유럽의 과학자들은 실생활에서 대기압과 진공을 이용하는 방법을 알아내기 위해 실험을 시작했다. 그들은 아래가 막힌 실린더 안에 위아래로 움직이는 피스톤을 넣은 장치를 생각해 냈다. 피스톤 아래쪽의 공기를 빼내면, 주변 공기가 누르는 압력 때문에 피스톤은 아래로 밀려 내려갔다. 피스톤과 짐을 밧줄로 연결하면, 피스톤이 내려가면서 짐을 들어 올릴 수 있었다.

공기를 빼내는 여러 가지 방법이 있었지만, 문제는 매번 처음부터 다시 해야 한다는 것이었다. 그 당시 과학자들은 실린더 안 피스톤이 자동으로 작동되는 방법을 찾지 못했다.

사람의 힘으로 작동되는 수동 펌프는 약 10미터 깊이의 물을 겨우 끌어 올릴 수 있었다. 더 깊은 곳에 있는 물을 끌어 올리려면, 일정한 높이마다 설치한 여러 개의 펌프를 사람이 일일이 가동하거나, 바퀴 장치(진)를 만들어 여러 개의 펌프를 하나로 연결해 힘센 말들이 한꺼번에 돌려야 했다.

1. 실린더 안에 피스톤을 넣고 말을 묶은 끈과 연결한다.
2. 실린더 아래쪽 공기를 빼내면, 대기압이 피스톤을 눌러 말을 들어 올린다.
3. 마구간을 청소한다.

1710년 무렵 영국의 철물상이자 전도사이자 발명가인 토머스 뉴커먼이 광부들의 골칫거리를 해결했다. 그는 아래 그림과 같은 실험을 토대로 세계 최초로 연속 작동하는 증기 기관을 만들었다.

뉴커먼의 발명품은 석탄을 아주 많이 잡아먹었지만, 탄광 근처에서 사용하면 별문제가 없었다. 게다가 지하 약 45미터 깊이의 물까지 퍼 올릴 수 있어 영국은 물론 유럽 대륙까지 널리 쓰였다.

1. 증기 밸브가 열린다. 실린더 안에 들어온 증기가 피스톤을 위로 밀어 올리면서 요동축의 무거운 펌프 끝이 아래로 내려간다.

2. 증기 밸브가 닫히고, 냉수 밸브가 열린다. 실린더 안으로 찬물이 들어오면, 증기가 응축되면서 실린더 안은 진공 상태가 된다.

3. 대기압이 피스톤을 밀어 내리면, 요동축의 펌프 끝이 위로 올려지며 물을 퍼 올린다.

4. 이 과정이 반복될 때마다 파이프 안으로 물이 점점 높이 차오르다가 파이프 밖으로 물이 넘쳐흐른다.

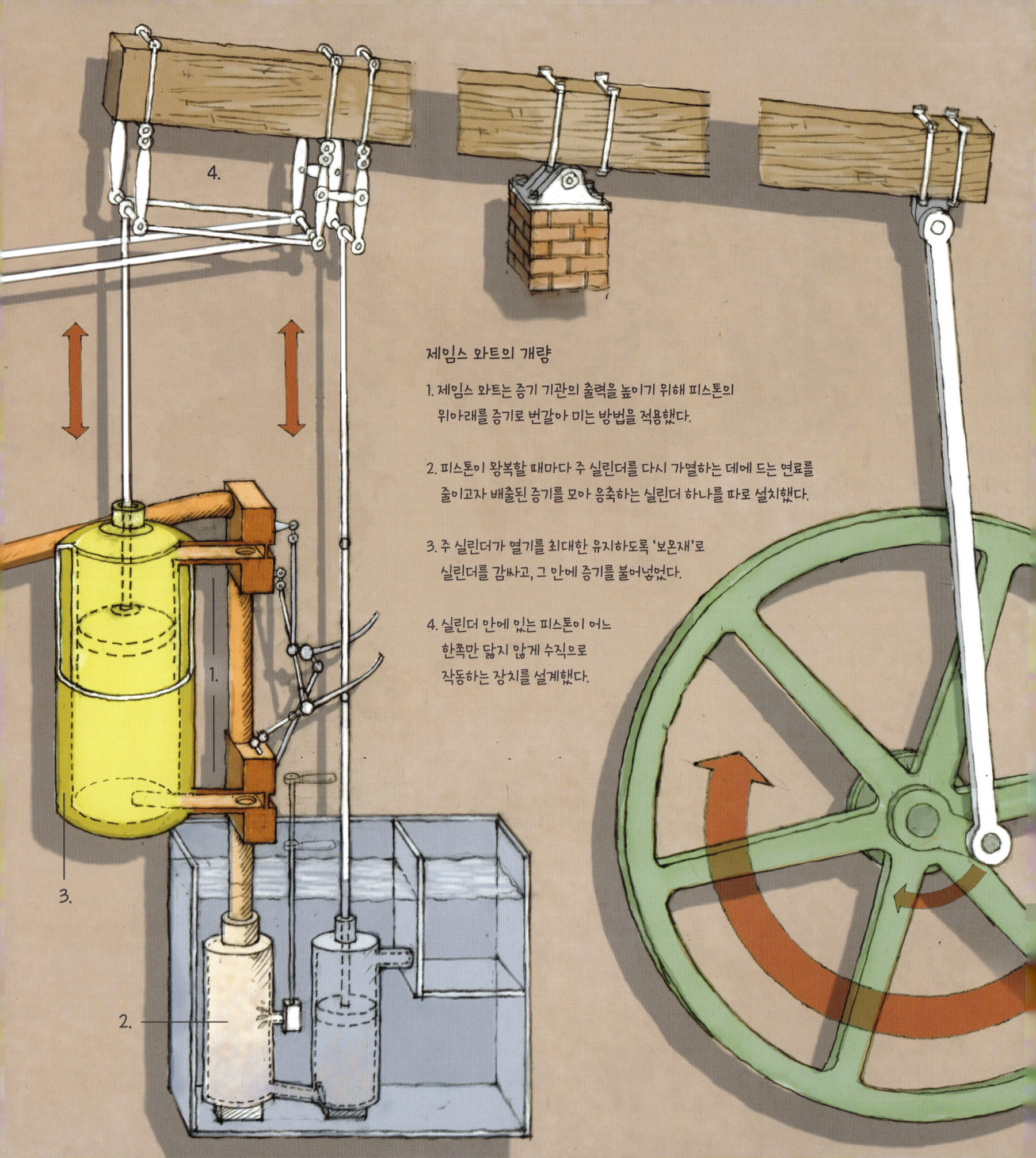

1770년 프랑스 군대의 기술자인 니콜라 조제프 퀴뇨가 대포를 나르기 위해 바퀴가 3개 달린 증기 자동차를 만들었다. 그런데 앞쪽에 달린 보일러가 너무 무거워서 방향을 돌리는 것조차 어려웠다. 특히 도로가 아닌 곳에서는 더욱 그랬다. 전투는 그런 곳에서 더 많이 일어나는데 말이다. 그래서 프랑스 군대는 결국 원래 방식대로 말을 써서 대포를 옮겼다.

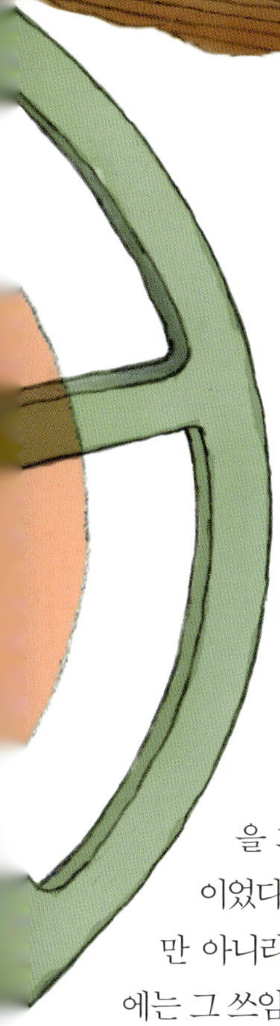

어떤 아이디어가 실제 장치로 만들어지면, 여러 사람이 곧장 달려들어 그 장치를 개량하기 마련이다. 뉴커먼의 증기 기관도 마찬가지였다. 그중에서도 스코틀랜드의 발명가인 제임스 와트가 가장 좋은 아이디어를 내놓았다. 그는 사업가인 매슈 볼턴과 함께 더 강력하고 효율적이며 고장이 잘 안 나는 증기 기관을 만들었다. 그들이 만든 증기 기관은 영국과 유럽은 물론 대서양 맞은편 미국까지 퍼져 다양한 기계들을 작동하는 데에 널리 쓰였다.

가장 중요한 아이디어 중 하나는 피스톤의 상하 운동을 회전 운동으로 바꾸는 톱니바퀴를 추가하여 개량한 것이었다. 이제 증기 기관은 광산에서 물을 퍼내는 데에 쓰일 뿐만 아니라 방직공장, 주물공장, 제분소에서도 이용되었다. 나중에는 그 쓰임새가 운송 분야로도 확장되었다.

1783년 프랑스의 클로드 프랑수아 도로테는 증기력으로 움직이는 외륜선의 시험 운항에 최초로 성공했다. 자금 부족으로 연구를 계속할 수 없었지만, 그의 아이디어는 빠르게 퍼져 나갔다.

1784년 영국의 발명가인 윌리엄 머독은 증기의 방향을 자동으로 바꾸어 피스톤의 양쪽으로 번갈아 보내는 슬라이딩 밸브를 갖춘 삼륜차를 개발했다.

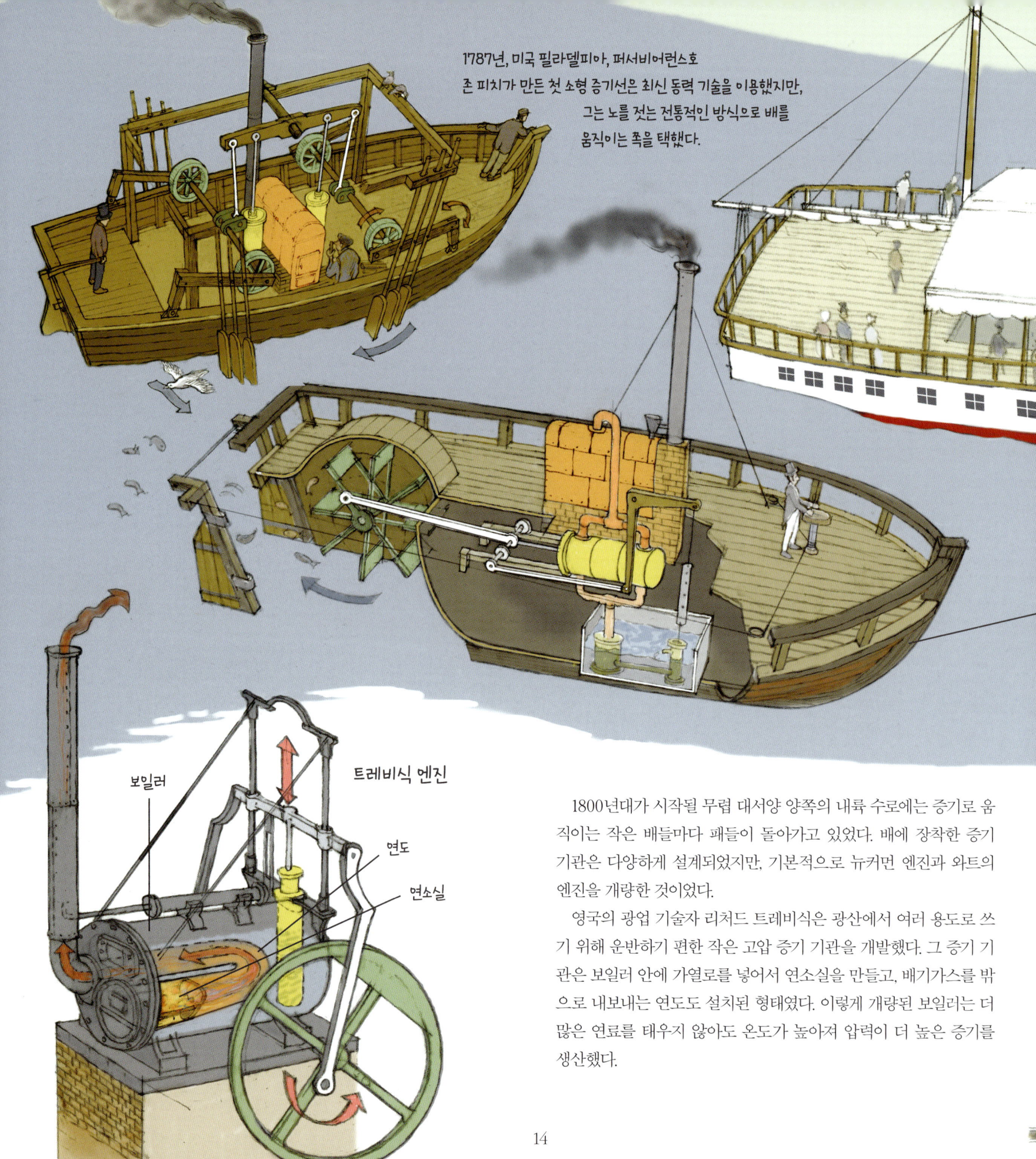

1787년, 미국 필라델피아, 퍼서비어런스호
존 피치가 만든 첫 소형 증기선은 최신 동력 기술을 이용했지만, 그는 노를 젓는 전통적인 방식으로 배를 움직이는 쪽을 택했다.

보일러
트레비식 엔진
연도
연소실

1800년대가 시작될 무렵 대서양 양쪽의 내륙 수로에는 증기로 움직이는 작은 배들마다 패들이 돌아가고 있었다. 배에 장착한 증기 기관은 다양하게 설계되었지만, 기본적으로 뉴커먼 엔진과 와트의 엔진을 개량한 것이었다.

영국의 광업 기술자 리처드 트레비식은 광산에서 여러 용도로 쓰기 위해 운반하기 편한 작은 고압 증기 기관을 개발했다. 그 증기 기관은 보일러 안에 가열로를 넣어서 연소실을 만들고, 배기가스를 밖으로 내보내는 연도도 설치된 형태였다. 이렇게 개량된 보일러는 더 많은 연료를 태우지 않아도 온도가 높아져 압력이 더 높은 증기를 생산했다.

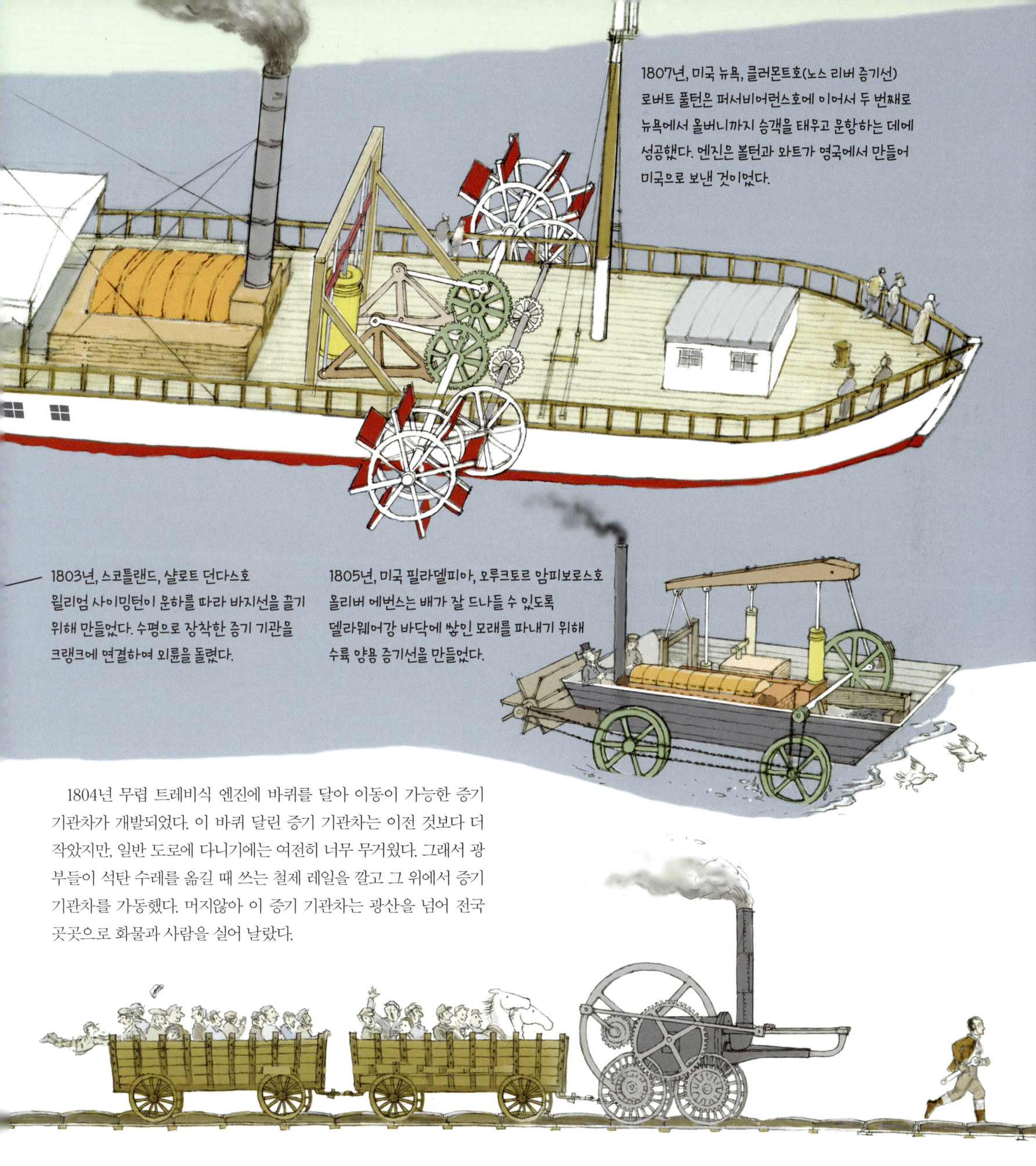

1807년, 미국 뉴욕, 클러몬트호(노스 리버 증기선)
로버트 풀턴은 퍼서비어런스호에 이어서 두 번째로 뉴욕에서 올버니까지 승객을 태우고 운항하는 데에 성공했다. 엔진은 볼턴과 와트가 영국에서 만들어 미국으로 보낸 것이었다.

1803년, 스코틀랜드, 샬로트 던다스호
윌리엄 사이밍턴이 운하를 따라 바지선을 끌기 위해 만들었다. 수평으로 장착한 증기 기관을 크랭크에 연결하여 외륜을 돌렸다.

1805년, 미국 필라델피아, 오루크토르 암피보로스호
올리버 에번스는 배가 잘 드나들 수 있도록 델라웨어강 바닥에 쌓인 모래를 파내기 위해 수륙 양용 증기선을 만들었다.

1804년 무렵 트레비식 엔진에 바퀴를 달아 이동이 가능한 증기 기관차가 개발되었다. 이 바퀴 달린 증기 기관차는 이전 것보다 더 작았지만, 일반 도로에 다니기에는 여전히 너무 무거웠다. 그래서 광부들이 석탄 수레를 옮길 때 쓰는 철제 레일을 깔고 그 위에서 증기 기관차를 가동했다. 머지않아 이 증기 기관차는 광산을 넘어 전국 곳곳으로 화물과 사람을 실어 날랐다.

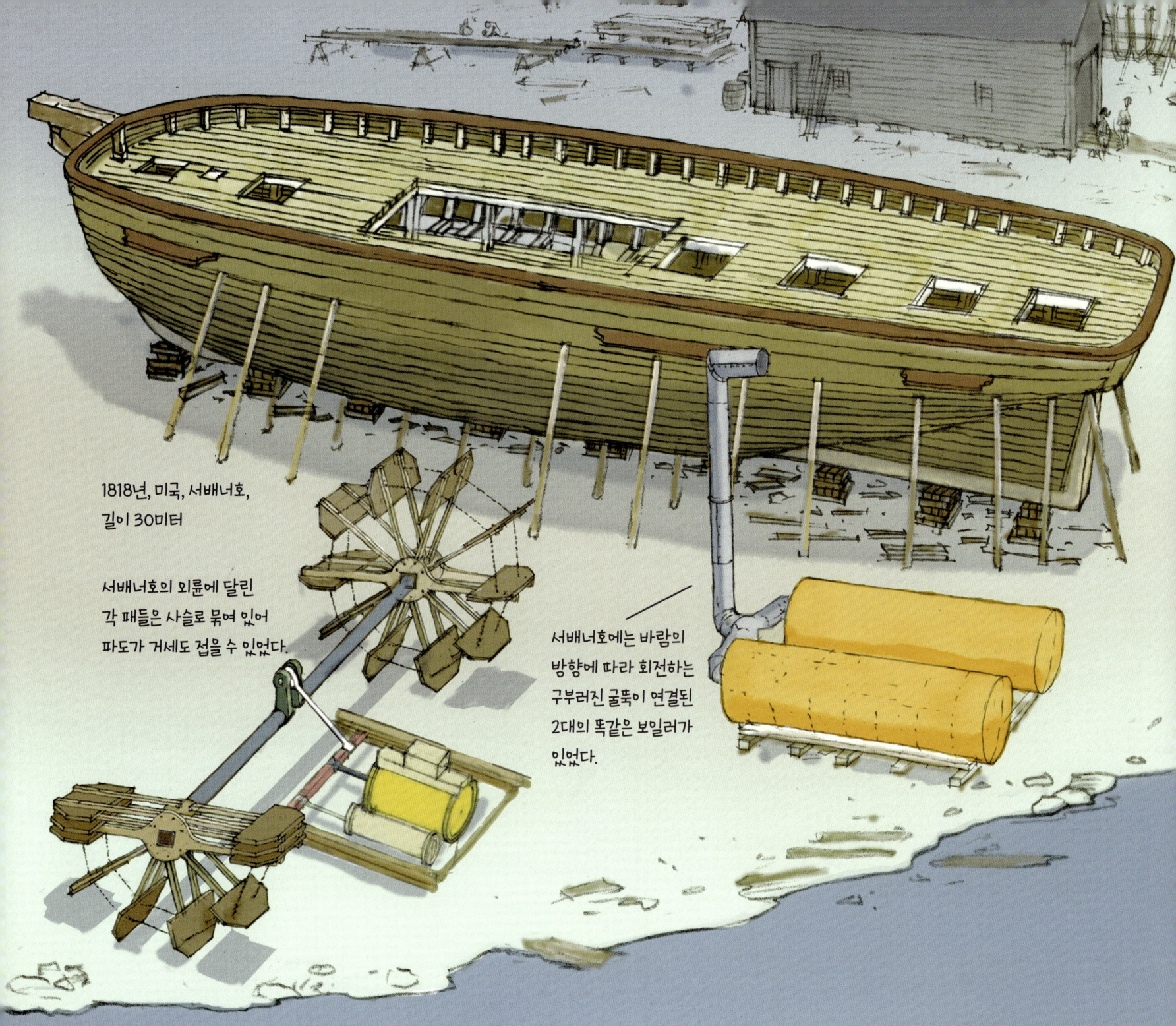

1818년, 미국, 서배너호, 길이 30미터

서배너호의 외륜에 달린 각 패들은 사슬로 묶여 있어 파도가 거세도 접을 수 있었다.

서배너호에는 바람의 방향에 따라 회전하는 구부러진 굴뚝이 연결된 2대의 똑같은 보일러가 있었다.

길이 약 30미터인 목선 서배너호는 증기력과 돛을 함께 이용하여 바다를 항해한 최초의 선박이었다. 이 배는 1819년에 대서양 왕복 항해에 성공하여 유명해졌다. 비록 외륜보다 돛에 훨씬 더 많이 의존했지만, 그로부터 10년도 채 지나지 않아 영국에서 만든 퀴라소호와 캐나다에서 만든 로열 윌리엄호는 주로 증기력만을 이용한 항해에 성공했다.

내륙 수로에서 증기 기관이 달린 배들이 점점 많이 보이자 먼 바다를 항해하는 배의 선주들도 관심을 가졌다. 그들은 배를 타고 드넓은 바다를 건너는 여행이 즐거울 거라고 아직 장담할 수는 없었지만, 적어도 증기 기관을 쓰면 가능한 한 항해를 빨리 마치겠다고 약속할 수는 있었다.

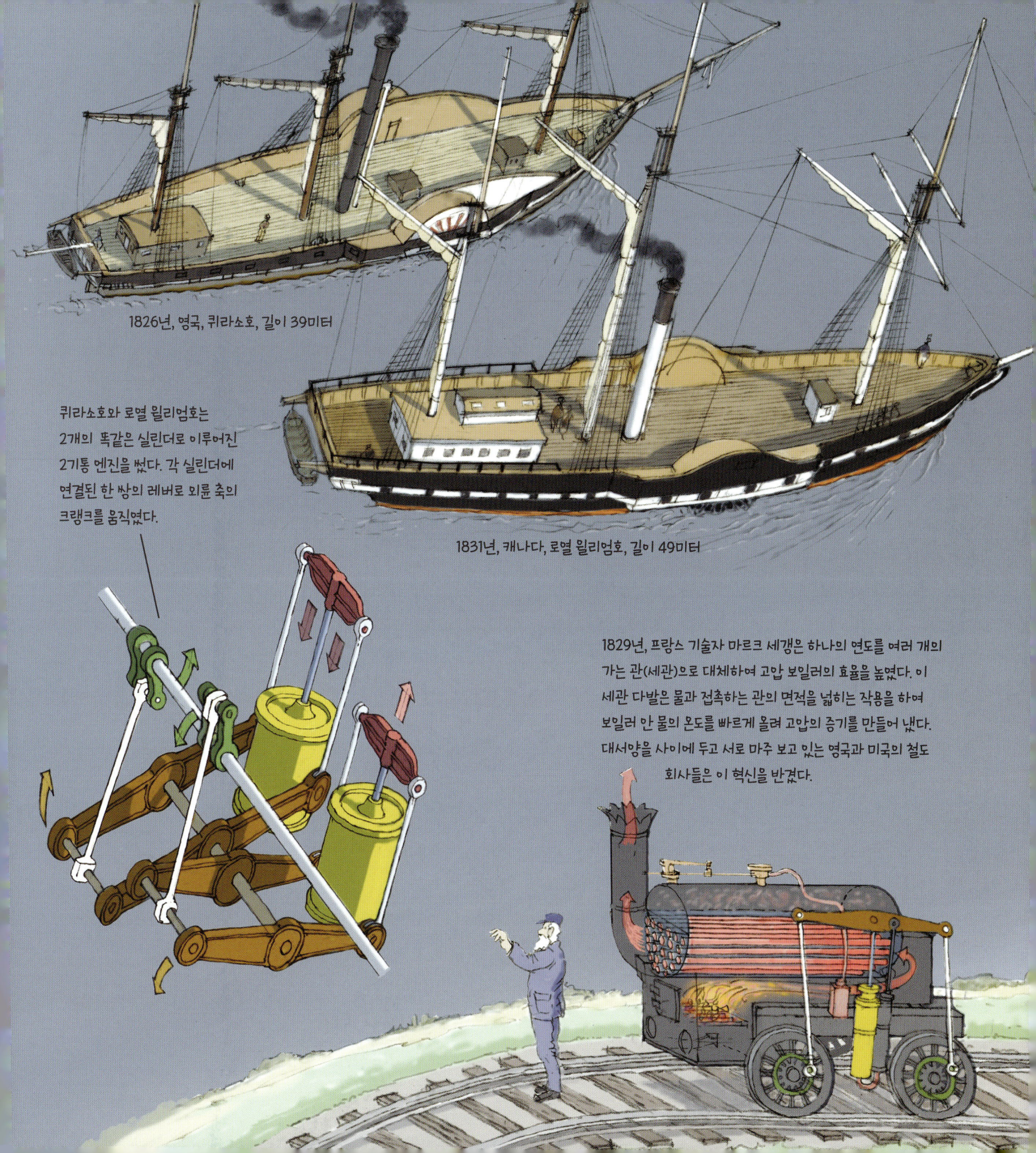

1826년, 영국, 퀴라소호, 길이 39미터

퀴라소호와 로열 윌리엄호는 2개의 똑같은 실린더로 이루어진 2기통 엔진을 썼다. 각 실린더에 연결된 한 쌍의 레버로 외륜 축의 크랭크를 움직였다.

1831년, 캐나다, 로열 윌리엄호, 길이 49미터

1829년, 프랑스 기술자 마르크 세갱은 하나의 연도를 여러 개의 가는 관(세관)으로 대체하여 고압 보일러의 효율을 높였다. 이 세관 다발은 물과 접촉하는 관의 면적을 넓히는 작용을 하여 보일러 안 물의 온도를 빠르게 올려 고압의 증기를 만들어 냈다. 대서양을 사이에 두고 서로 마주 보고 있는 영국과 미국의 철도 회사들은 이 혁신을 반겼다.

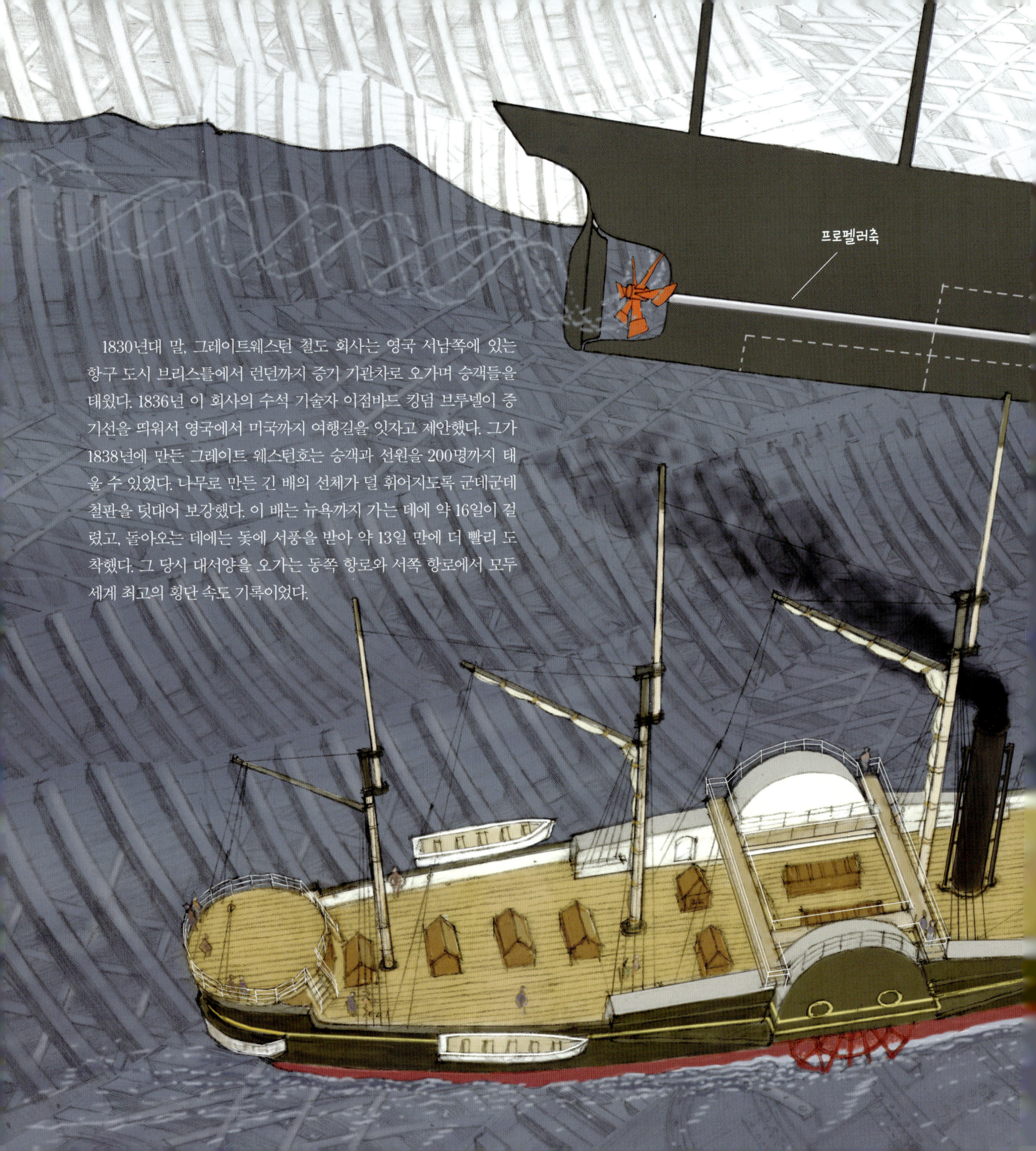

프로펠러축

1830년대 말, 그레이트웨스턴 철도 회사는 영국 서남쪽에 있는 항구 도시 브리스틀에서 런던까지 증기 기관차로 오가며 승객들을 태웠다. 1836년 이 회사의 수석 기술자 이점바드 킹덤 브루넬이 증기선을 띄워서 영국에서 미국까지 여행길을 잇자고 제안했다. 그가 1838년에 만든 그레이트 웨스턴호는 승객과 선원을 200명까지 태울 수 있었다. 나무로 만든 긴 배의 선체가 덜 휘어지도록 군데군데 철판을 덧대어 보강했다. 이 배는 뉴욕까지 가는 데에 약 16일이 걸렸고, 돌아오는 데에는 돛에 서풍을 받아 약 13일 만에 더 빨리 도착했다. 그 당시 대서양을 오가는 동쪽 항로와 서쪽 항로에서 모두 세계 최고의 횡단 속도 기록이었다.

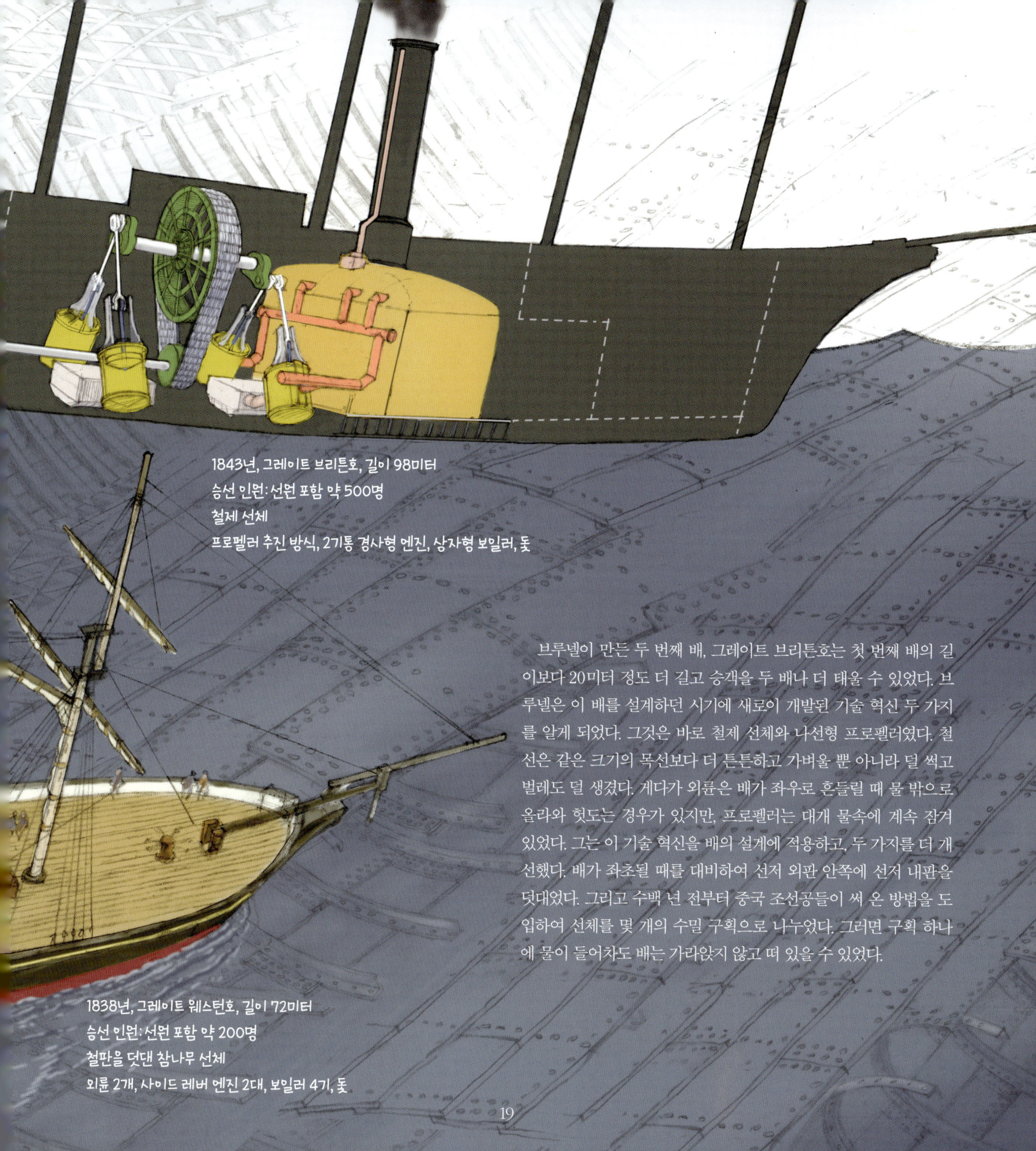

1843년, 그레이트 브리튼호, 길이 98미터
승선 인원: 선원 포함 약 500명
철제 선체
프로펠러 추진 방식, 2기통 경사형 엔진, 상자형 보일러, 돛

브루넬이 만든 두 번째 배, 그레이트 브리튼호는 첫 번째 배의 길이보다 20미터 정도 더 길고 승객을 두 배나 더 태울 수 있었다. 브루넬은 이 배를 설계하던 시기에 새로이 개발된 기술 혁신 두 가지를 알게 되었다. 그것은 바로 철제 선체와 나선형 프로펠러였다. 철선은 같은 크기의 목선보다 더 튼튼하고 가벼울 뿐 아니라 덜 썩고 벌레도 덜 생겼다. 게다가 외륜은 배가 좌우로 흔들릴 때 물 밖으로 올라와 헛도는 경우가 있지만, 프로펠러는 대개 물속에 계속 잠겨 있었다. 그는 이 기술 혁신을 배의 설계에 적용하고, 두 가지를 더 개선했다. 배가 좌초될 때를 대비하여 선저 외판 안쪽에 선저 내판을 덧대었다. 그리고 수백 년 전부터 중국 조선공들이 써 온 방법을 도입하여 선체를 몇 개의 수밀 구획으로 나누었다. 그러면 구획 하나에 물이 들어차도 배는 가라앉지 않고 떠 있을 수 있었다.

1838년, 그레이트 웨스턴호, 길이 72미터
승선 인원: 선원 포함 약 200명
철판을 덧댄 참나무 선체
외륜 2개, 사이드 레버 엔진 2대, 보일러 4기, 돛

1854년, 브루넬은 자신이 만든 2척의 배가 성공을 거두자 의기양양하게 야심작을 만들었다. 그 배가 바로 그레이트 이스턴호였다. 길이가 210미터에 폭이 25미터인 이 배는 항해 중 다른 항구에 들러 연료나 식량을 구할 필요 없이 영국에서 인도나 호주까지 승객 4,000명을 태우고 직항할 예정이었다. 그레이트 이스턴호는 바닥만 이중으로 만든 단일한 선체가 아니었다. 76센티미터 간격을 두고 내판과 외판 두 겹의 구조로 만든 이중 선체였고, 19칸의 수밀 구획으로 선체가 나뉘어 있었다. 이 배는 4대의 엔진으로 지름 17미터의 외륜 2개를 돌렸고, 별도의 4기통 엔진으로 지름 7.3미터의 나선형 프로펠러를 가동했다. 게다가 6개의 큰 돛대와 보조 돛까지 갖추고 있었다.

그레이트 이스턴호는 모든 것이 컸다. 여객선으로 큰 성공을 거두지 못했다는 점만 빼면 말이다. 이 배는 잇따라 큰 문제를 겪다가 취항한 지 겨우 5년 만에 고철이 될 운명에 처했다. 그런데 1866년에 캐나다 노바스코샤와 아일랜드 사이에 세계 최초로 대서양 횡단 해저 케이블을 설치한다는 계획이 나왔다. 케이블을 운반하려면 엄청나게 큰 배가 필요했다. 그 조건에 알맞은 배는 그레이트 이스턴호밖에 없었다.

내판
외판
프로펠러축

블루리본을 받은 배와 기록 보유 기간

1851-1856년,
발틱호, 길이 86미터

1856-1863년,
페르시아호, 길이 121미터

1863-1872년,
스코샤호, 길이 122미터

1872-1875년,
아드리아틱호, 길이 138미터

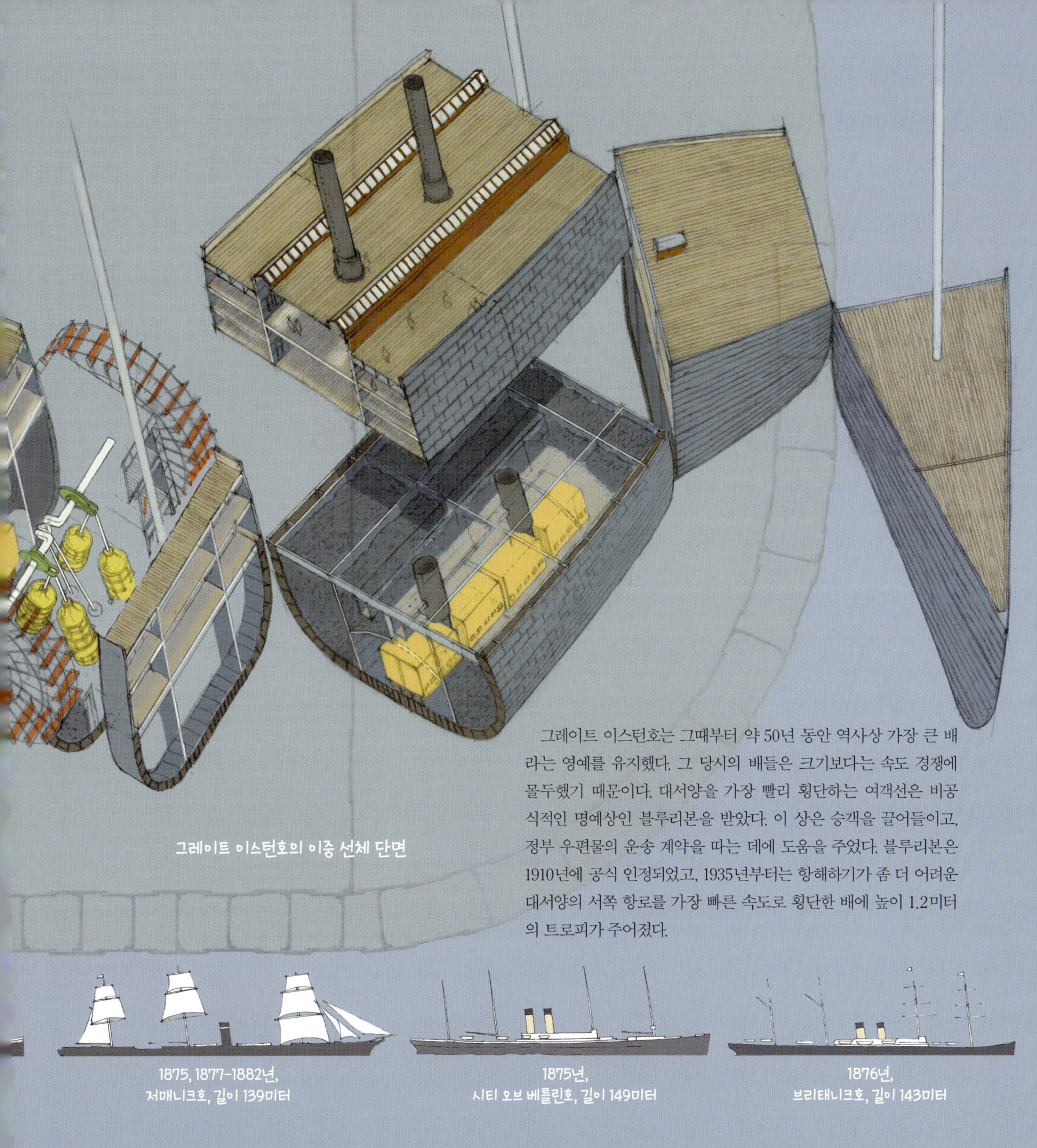

그레이트 이스턴호의 이중 선체 단면

그레이트 이스턴호는 그때부터 약 50년 동안 역사상 가장 큰 배라는 영예를 유지했다. 그 당시의 배들은 크기보다는 속도 경쟁에 몰두했기 때문이다. 대서양을 가장 빨리 횡단하는 여객선은 비공식적인 명예상인 블루리본을 받았다. 이 상은 승객을 끌어들이고, 정부 우편물의 운송 계약을 따는 데에 도움을 주었다. 블루리본은 1910년에 공식 인정되었고, 1935년부터는 항해하기가 좀 더 어려운 대서양의 서쪽 항로를 가장 빠른 속도로 횡단한 배에 높이 1.2미터의 트로피가 주어졌다.

1875, 1877-1882년, 저매니크호, 길이 139미터

1875년, 시티 오브 베를린호, 길이 149미터

1876년, 브리태니크호, 길이 143미터

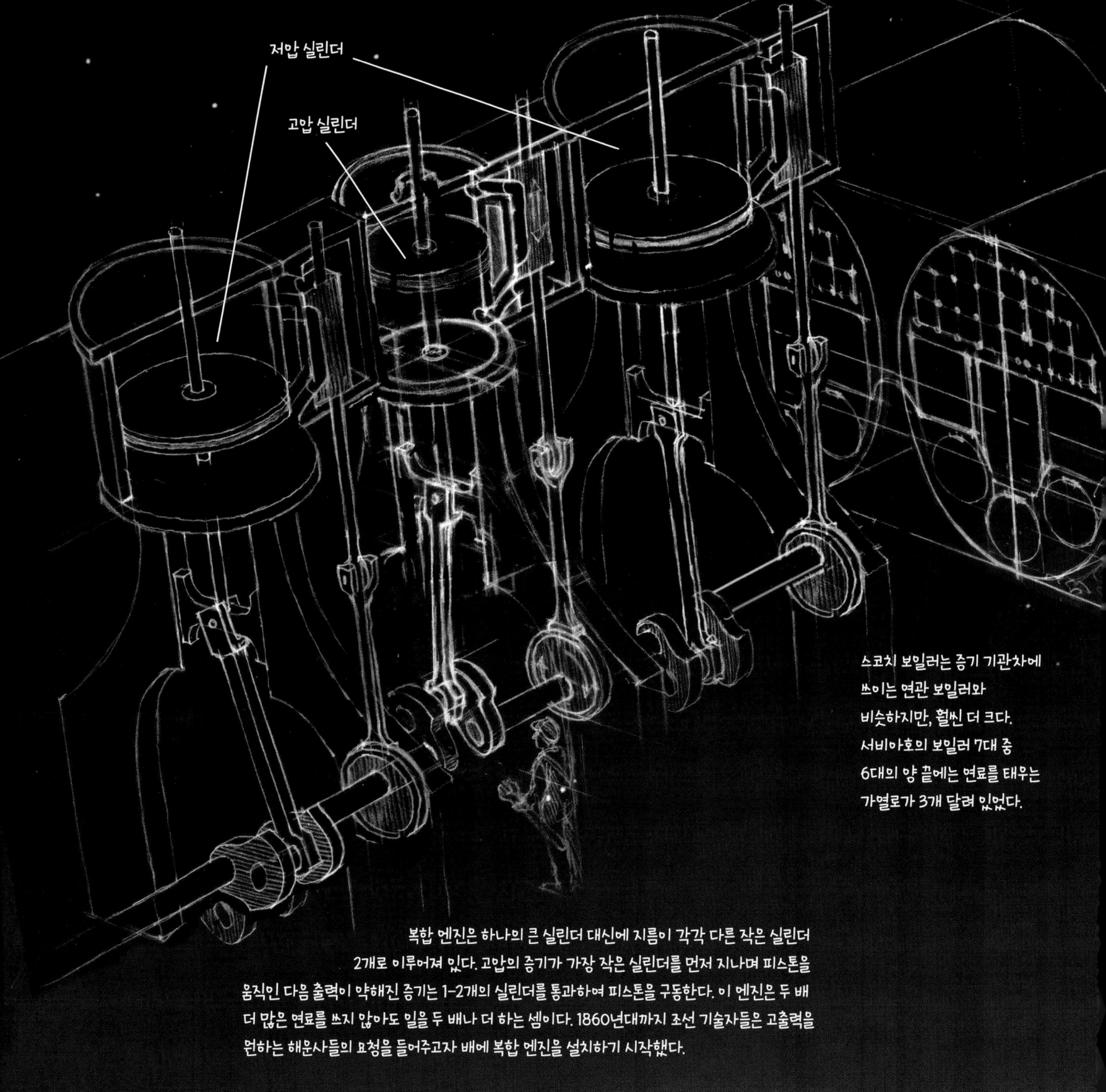

저압 실린더

고압 실린더

스코치 보일러는 증기 기관차에 쓰이는 연관 보일러와 비슷하지만, 훨씬 더 크다. 서비아호의 보일러 7대 중 6대의 양 끝에는 연료를 태우는 가열로가 3개 달려 있었다.

복합 엔진은 하나의 큰 실린더 대신에 지름이 각각 다른 작은 실린더 2개로 이루어져 있다. 고압의 증기가 가장 작은 실린더를 먼저 지나며 피스톤을 움직인 다음 출력이 약해진 증기는 1-2개의 실린더를 통과하여 피스톤을 구동한다. 이 엔진은 두 배 더 많은 연료를 쓰지 않아도 일을 두 배나 더 하는 셈이다. 1860년대까지 조선 기술자들은 고출력을 원하는 해운사들의 요청을 들어주고자 배에 복합 엔진을 설치하기 시작했다.

1881년, 서비아호, 길이 157미터

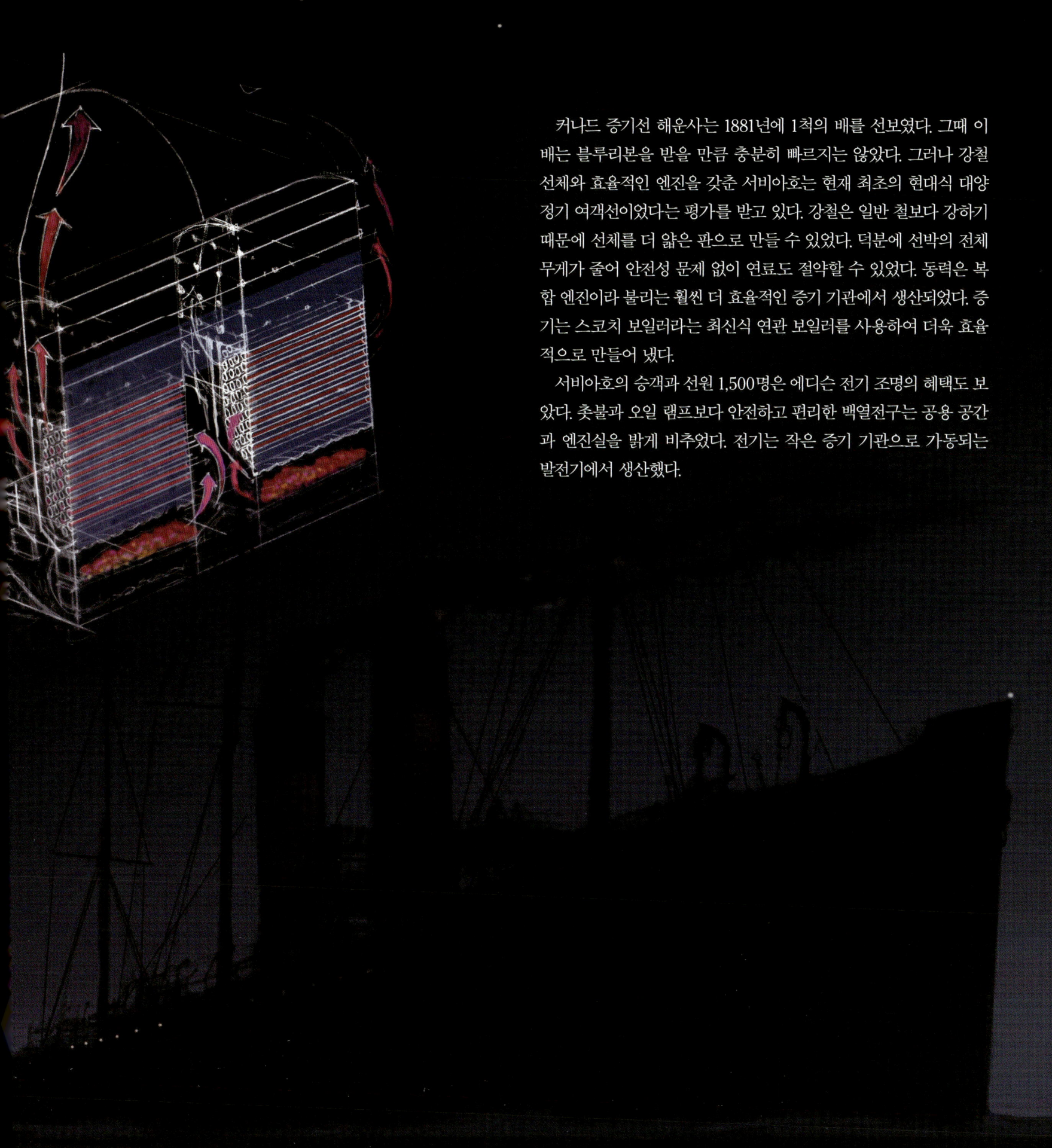

　커나드 증기선 해운사는 1881년에 1척의 배를 선보였다. 그때 이 배는 블루리본을 받을 만큼 충분히 빠르지는 않았다. 그러나 강철 선체와 효율적인 엔진을 갖춘 서비아호는 현재 최초의 현대식 대양 정기 여객선이었다는 평가를 받고 있다. 강철은 일반 철보다 강하기 때문에 선체를 더 얇은 판으로 만들 수 있었다. 덕분에 선박의 전체 무게가 줄어 안전성 문제 없이 연료도 절약할 수 있었다. 동력은 복합 엔진이라 불리는 훨씬 더 효율적인 증기 기관에서 생산되었다. 증기는 스코치 보일러라는 최신식 연관 보일러를 사용하여 더욱 효율적으로 만들어 냈다.

　서비아호의 승객과 선원 1,500명은 에디슨 전기 조명의 혜택도 보았다. 촛불과 오일 램프보다 안전하고 편리한 백열전구는 공용 공간과 엔진실을 밝게 비추었다. 전기는 작은 증기 기관으로 가동되는 발전기에서 생산했다.

서비아호는 그레이트 이스턴호에 이어 당시 세계에서 두 번째로 큰 배였다. 이 배가 취항한 이후 몇 년 만에 선박의 길이가 서서히 길어지기 시작했고, 엔진의 크기도 점점 커졌다. 블루리본을 받은 마제스틱호와 튜터닉호는 길이가 177미터였다. 2척의 배 모두 한 쌍의 나선형 프로펠러로 동력을 공급받았는데, 각 프로펠러는 거대한 3단 팽창 엔진으로 작동했다.

커나드 해운사는 블루리본을 되찾으려고 1892년에는 루카니아호를, 1893년에는 캄파니아호를 취항했다. 이 배들은 모두 길이가 190미터로 그 당시에 가장 크고 빠르며 호화스러웠다. 그로부터 5년 동안은 적어도 그 명성을 이어 갔다. 그러나 1897년에 독일의 정기선 카이저 빌헬름 데어 그로스호에게 밀려났다.

부유한 승객들이 이국적인 나무 벽체, 벨벳 커튼, 푹신한 안락의자에 푹 빠져 있는 동안 각 해운사는 가장 싼 요금을 내고 북아메리카로 가는 이민자들 덕분에 수익이 점점 더 늘어나고 있었다. 캄파니아호나 루카니아호의 승객 2,000명 중에서 일등석은 600명, 이등석은 400명, 삼등석은 1,000명이었다. 커나드 해운사는 "보통 제공하는 것보다 훨씬 나은 편의 시설을 누릴 수 있다."고 삼등석 승객들에게 장담했다.

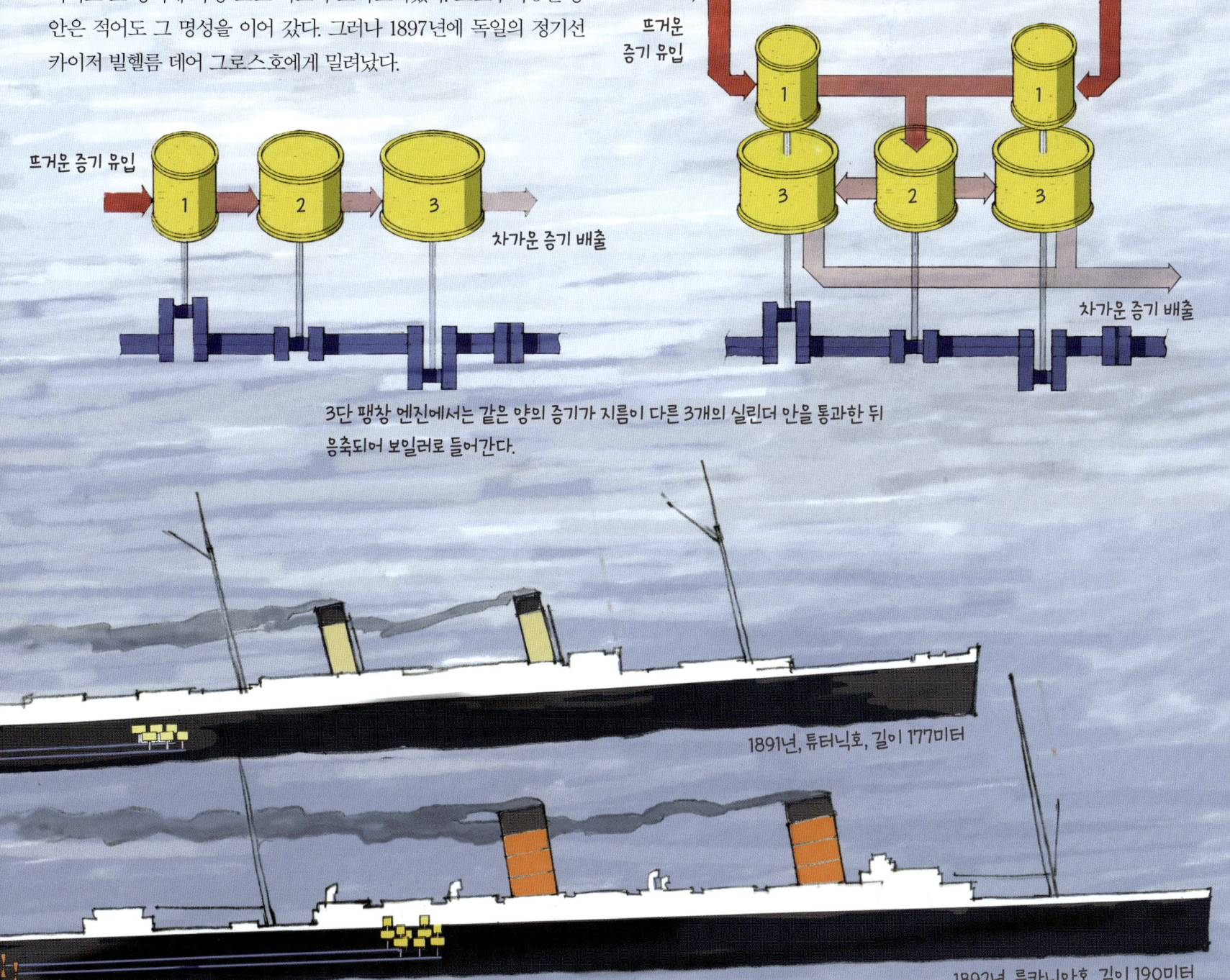

3단 팽창 엔진에서는 같은 양의 증기가 지름이 다른 3개의 실린더 안을 통과한 뒤 응축되어 보일러로 들어간다.

1891년, 튜터닉호, 길이 177미터

1892년, 루카니아호, 길이 190미터

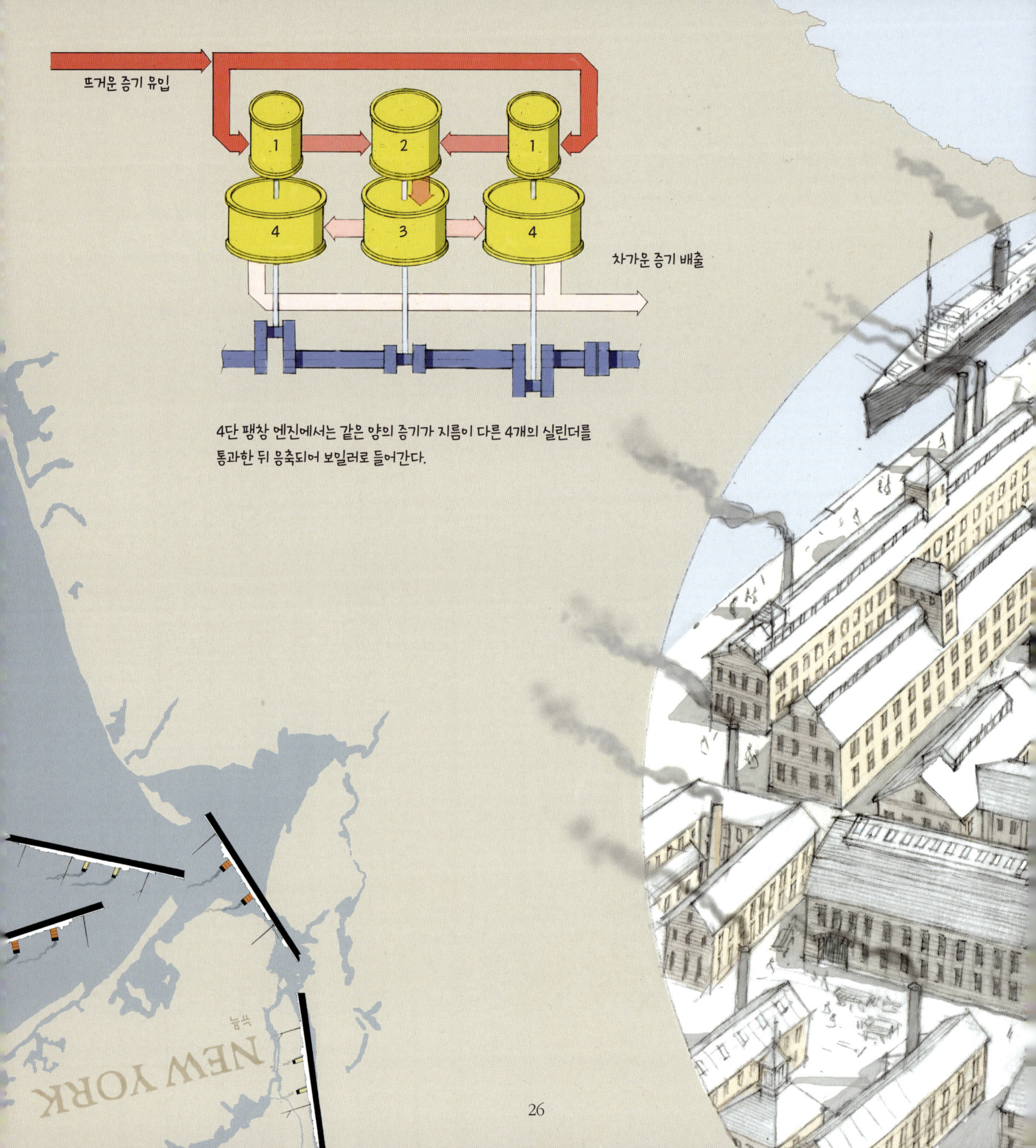

4단 팽창 엔진에서는 같은 양의 증기가 지름이 다른 4개의 실린더를 통과한 뒤 응축되어 보일러로 들어간다.

뜨거운 증기 유입

차가운 증기 배출

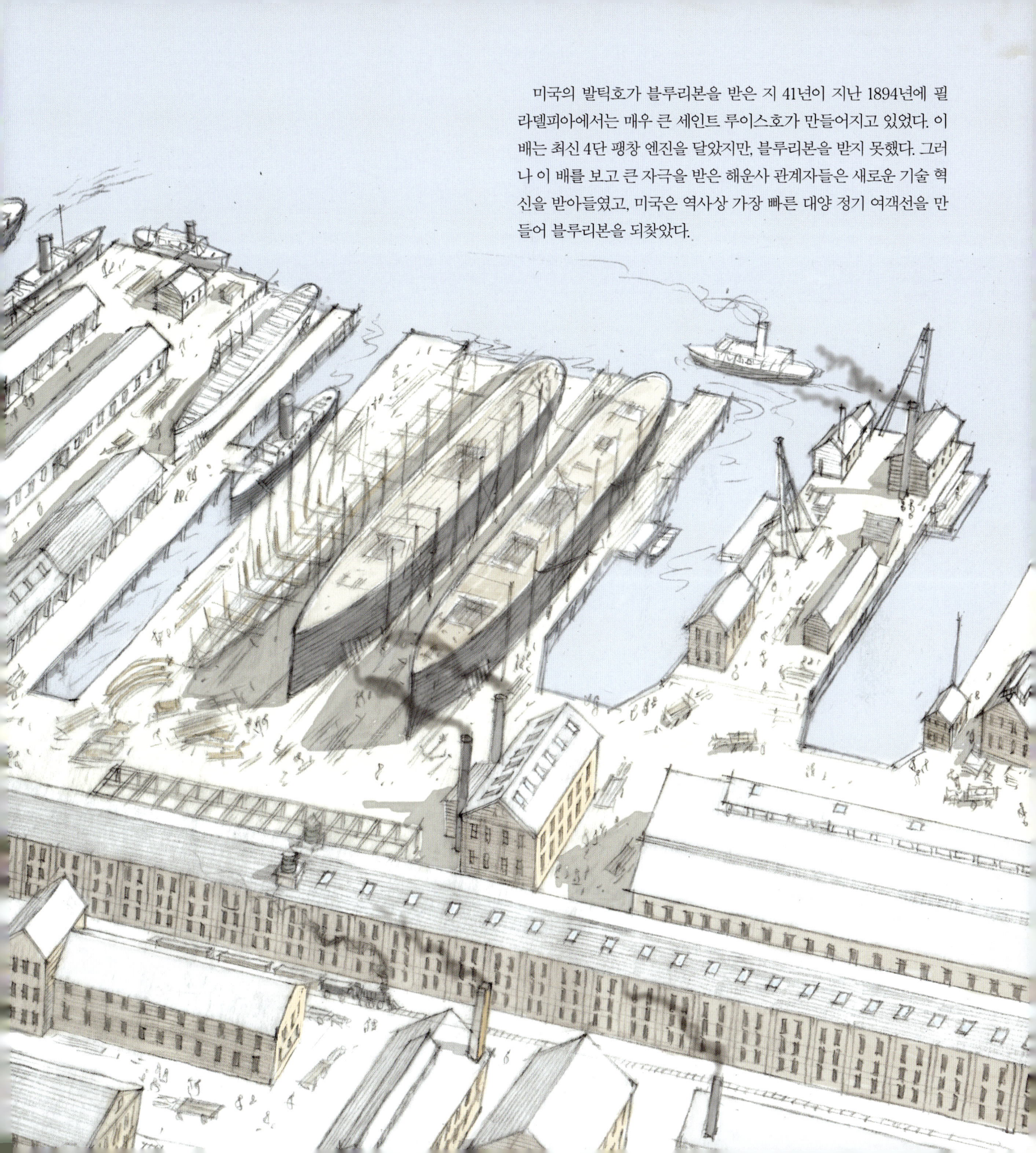

미국의 발틱호가 블루리본을 받은 지 41년이 지난 1894년에 필라델피아에서는 매우 큰 세인트 루이스호가 만들어지고 있었다. 이 배는 최신 4단 팽창 엔진을 달았지만, 블루리본을 받지 못했다. 그러나 이 배를 보고 큰 자극을 받은 해운사 관계자들은 새로운 기술 혁신을 받아들였고, 미국은 역사상 가장 빠른 대양 정기 여객선을 만들어 블루리본을 되찾았다.

2

워런 깁스 부부는 1894년 11월 12일, 여덟 살 윌리엄 프랜시스와 여섯 살 프레더릭 허버트를 비롯한 식구들을 데리고 크램프 조선소로 갔다. 세인트 루이스호의 진수식(육지에서 만들어진 배를 물에 띄우는 행사. 내부 공사는 진수식을 한 뒤 시작된다.-옮긴이)을 보기 위해서였다. 어린 윌리엄은 그렇게 큰 배를 난생 처음 보았다. 뉴저지 해안에서 여름 휴가를 보낼 때 수평선을 따라 미끄러지듯 나아가는 증기선을 보면서 윌리엄은 상상의 날개를 펼치곤 했다. 그랬는데 커다란 배가 선대(선박을 육상에서 건조하고 바다 또는 강으로 진수하는 데 사용되는 경사로)를 따라 델라웨어강으로 미끄러져 들어가는 모습을 가까이에서 보니 입을 다물 수가 없었다.

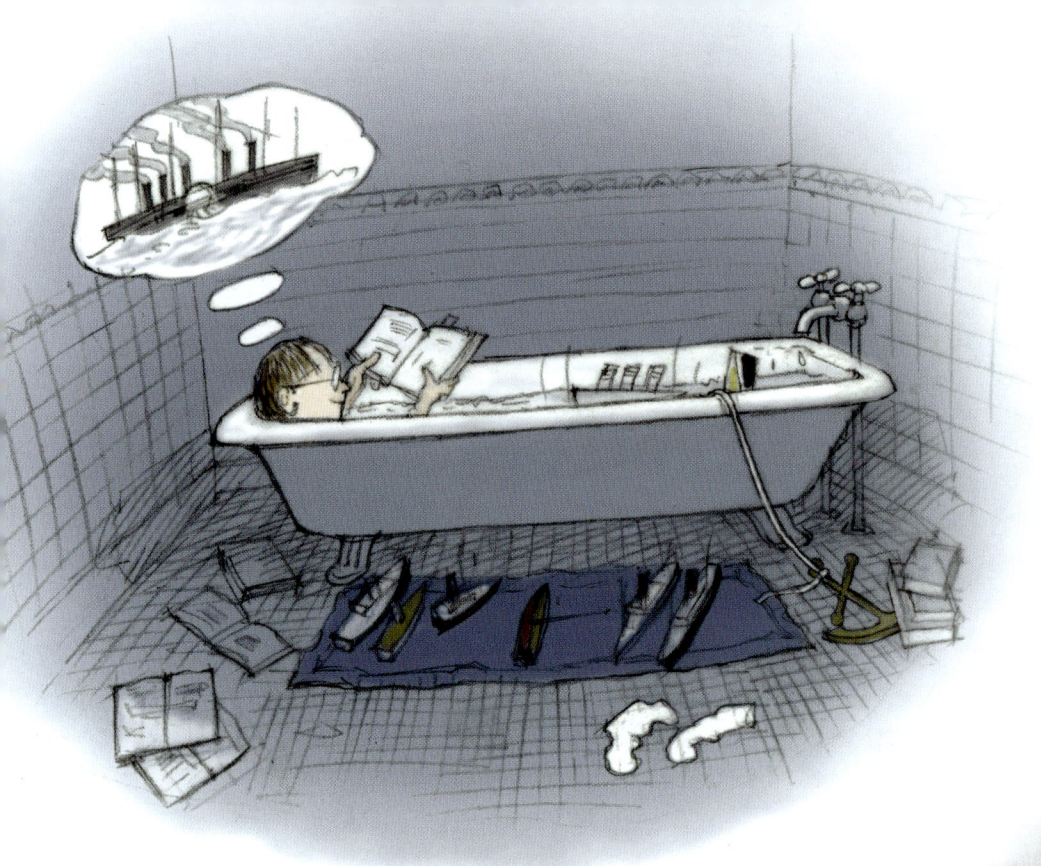

그때부터 윌리엄 프랜시스는 배가 어떻게 설계되고, 어떻게 건조되고, 어떻게 움직이는지를 독학했다. 열두 살 무렵에는 구할 수 있는 전문 잡지와 책을 모조리 읽었다. 배에 대한 정보가 많으면 많을수록 좋았다. 나중에 하버드 대학교에 다닐 때에는 자기 방에 혼자 틀어박힌 채 영국 전함의 설계도를 들여다보면서 어떻게 하면 배의 내부 구조와 속도, 안전성을 개선할 수 있을지 그려 보곤 했다.

1907년 11월, 윌리엄 프랜시스는 학교를 빼먹고 동생 프레더릭과 함께 영국으로 여행을 갔다. 중요한 것은 목적지가 아니라 어떻게 가느냐였다. 그들은 대서양을 향해 동쪽으로 이동할 때에는 커나드 해운사의 블루리본을 받은 대양 정기 여객선인 루시타니아호를 탔고, 며칠 뒤 되돌아올 때에는 루시타니아호의 짝이자 첫 항해에 나선 모레타니아호를 탔다. 모레타니아호는 2년 뒤에 대서양을 가장 빨리 횡단한 배라는 영예를 얻게 되었다. 길이가 거의 240미터에 달하는 이 2척의 배는 당시 세계에서 가장 큰 증기선이었다. 둘 다 새로운 동력원으로 움직이는 4대의 나선형 프로펠러로 배의 속도를 높였다. 바로 파슨스 터빈이었다.

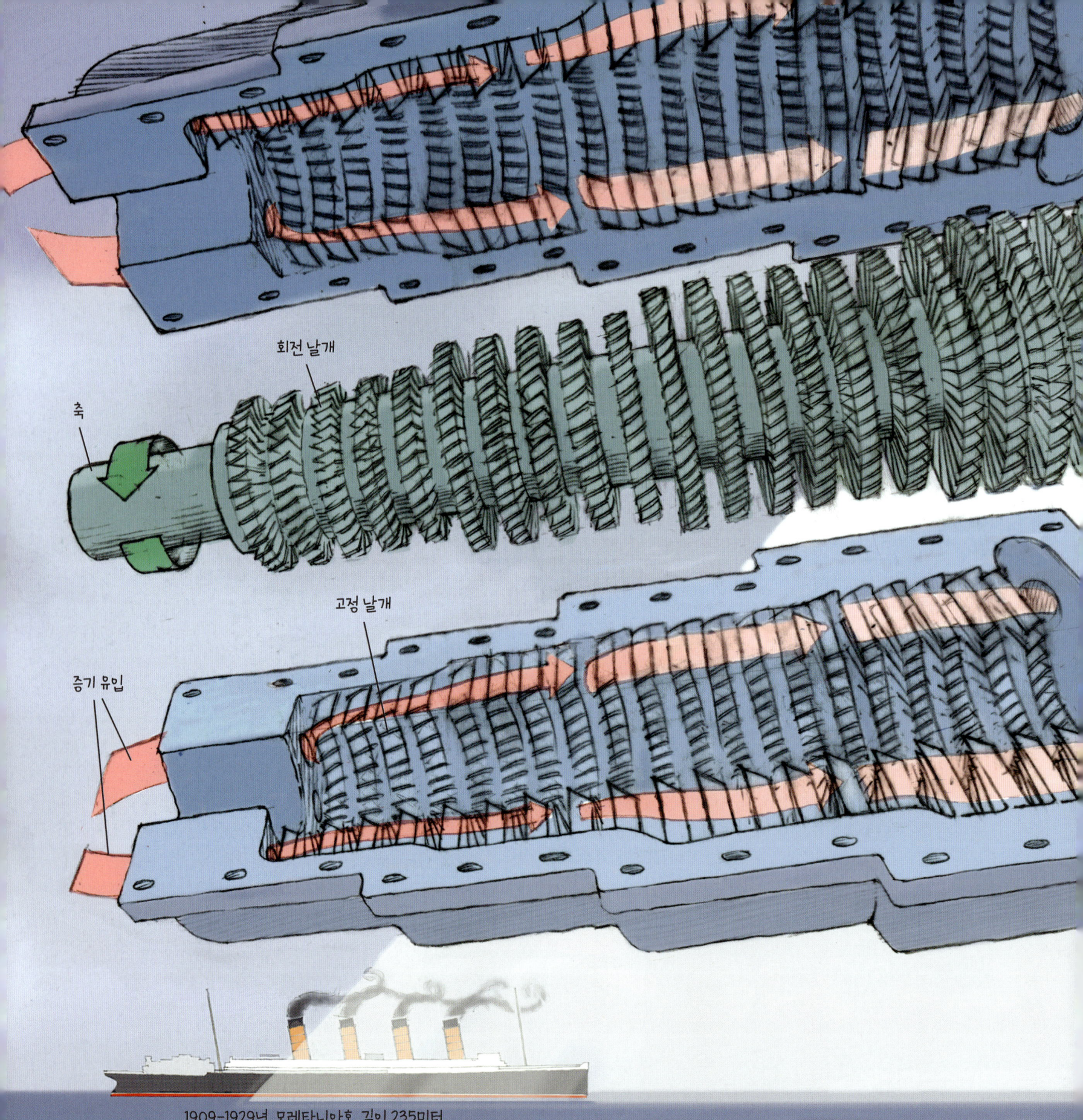

위쪽 덮개

영국 기술자 찰스 앨저넌 파슨스는 원래 1880년대에 발전기를 쓰기 위해 증기 터빈을 개발했다가 그 기계가 배의 엔진실에 적합하다는 사실을 깨달았다. 공간이 한정된 배의 엔진실에 넣기 좋게 크기가 작고 효율이 뛰어났기 때문이다. 파슨스 터빈은 피스톤 엔진보다 더 작을 뿐 아니라 프로펠러축에 직접 연결할 수 있어 회전기 부품의 수를 줄일 수 있었고, 유지 관리하기도 더 쉬웠다.

파슨스 터빈은 크게 2가지 주요 부품으로 이루어져 있다. 바깥쪽 고정용 덮개와 안쪽에서 회전하는 축이다. 두 부품에 강철로 만든 날개의 고리가 서로 엇갈리게 배열되도록 각각 붙인다. 바깥쪽 덮개에 박힌 고정 날개들 사이로 들어간 증기는 안쪽 회전 날개에 부딪힌 힘으로 축을 회전시킨다. 증기가 터빈으로 들어오는 지점에서는 증기 압력이 가장 높아져 작은 날개로도 충분히 회전력을 얻을 수 있다. 터빈을 지날수록 증기는 팽창하지만, 압력은 떨어지므로 뒤쪽으로 갈수록 날개가 더 커져야 한다.

고압 증기

덮개에 박힌 고정 날개

축에 붙은 회전 날개

증기 배출

아래쪽 덮개

1907-1909년, 루시타니아호, 길이 240미터

보일러

터빈

윌리엄 깁스는 학교를 졸업하고 1년 뒤 자신만의 초대형 쾌속 여객선을 구상하기 시작했다. 그는 독학으로 배운 모든 지식을 토대로 가장 길고, 가장 빠르며, 가장 앞선 첨단 기술을 쓴 여객선을 설계하고자 했다.

윌리엄이 도면을 그리는 동안 프레더릭은 사업 계획을 짜는 일을 도왔다. 유럽과 롱아일랜드 몬탁에 새로 세워진 여객 터미널을 2주마다 한 번씩 오가는 일정을 지키려면 2척의 똑같은 배가 필요했다. 1916년, 금융업자 J. P. 모건 주니어는 그들의 노력에 매우 깊은 인상을 받아 이 사업을 지원하겠다며 나섰다. 깁스 형제는 뉴욕에 사무실을 차리고, 자신들의 아이디어를 현실로 실현하는 데에 도움을 줄 직원도 몇 명 고용했다.

그러나 안타깝게도 유럽은 뉴욕과 달리 상황이 안 좋았다. 제1차 세계 대전이 2년째 진행 중이었다. 루시타니아호가 1915년에 침몰했고, 독일의 잠수함 유보트도 점점 더 큰 위협을 가했다. 그런 상황에서 대서양을 횡단하는 초대형 호화 여객선을 띄우겠다고 나설 기업은 거의 없었다. 결국 모건은 지원을 중단했고, 윌리엄 프랜시스의 꿈은 여전히 제도판에 머무른 채로 전쟁에 희생되고 말았다.

1917년, 독일 해군은 영국과 그 동맹국들의 보급품을 차단하기 위해 배를 침몰시키기 시작했다. 미국 배도 마찬가지였다. 그러자 미국은 독일에 선전 포고를 하고, 길이 290미터의 호화 여객선 파터란트호를 징발했다. 전쟁 때문에 1914년부터 뉴저지 호보켄항에 정박해 있던 배였다. 함부르크아메리카 해운사의 자부심이자 세계에서 가장 큰 배였던 파터란트호는 고급스러운 실내 장식들이 마구 뜯겨 나간 뒤, 미군 수송선으로 개조되었다. 배의 이름도 리바이어던호로 바뀌었다.

1919년 12월, 리바이어던호가 마침내 군 임무를 마치자 해운사는 이 배를 복원할 수 있을지 조사해 달라고 깁스 형제에게 부탁했다. 독일 조선소가 배의 도면을 주지 않겠다고 거부하는 바람에 형제는 도면을 그려 줄 설계사 100명을 고용해야 했다. 설계사들은 배의 모든 구석구석을 일일이 자로 재서 꼼꼼히 기록했다. 무려 2년 동안 작업한 끝에 곳곳의 구조를 자세히 그린 배의 설계도가 완성되었다. 그 후 미국의 대서양 횡단 선박 회사인 유나이티드스테이츠 해운사는 리바이어던호를 예전의 화려한 여객선으로 되돌려놓는 일을 깁스 형제에게 맡겼다. 이제는 이 배를 미국 국기가 휘날리는 호화 여객선으로 만들어야 했다.

복원 과정에서 리바이어던호의 가열로는 석탄 대신 석유를 태우는 방식으로 개조되었다. 석유는 석탄보다 무게당 두 배의 에너지를 더 생산했다. 게다가 더 깨끗하고 다루기도 훨씬 쉬웠다. 석유는 석탄과 달리 빈 곳만 있으면 어디에든 저장해 두었다가 필요한 곳까지 쉽게 옮길 수 있었다.

리바이어던호가 첫 항해에 성공하자 깁스 형제와 유나이티드스테이츠 해운사는 명성을 얻었다. 그러나 경기가 아직 되살아나지 않은 탓에 윌리엄 프랜시스의 꿈은 여전히 제도판 위에 남아 있었다.

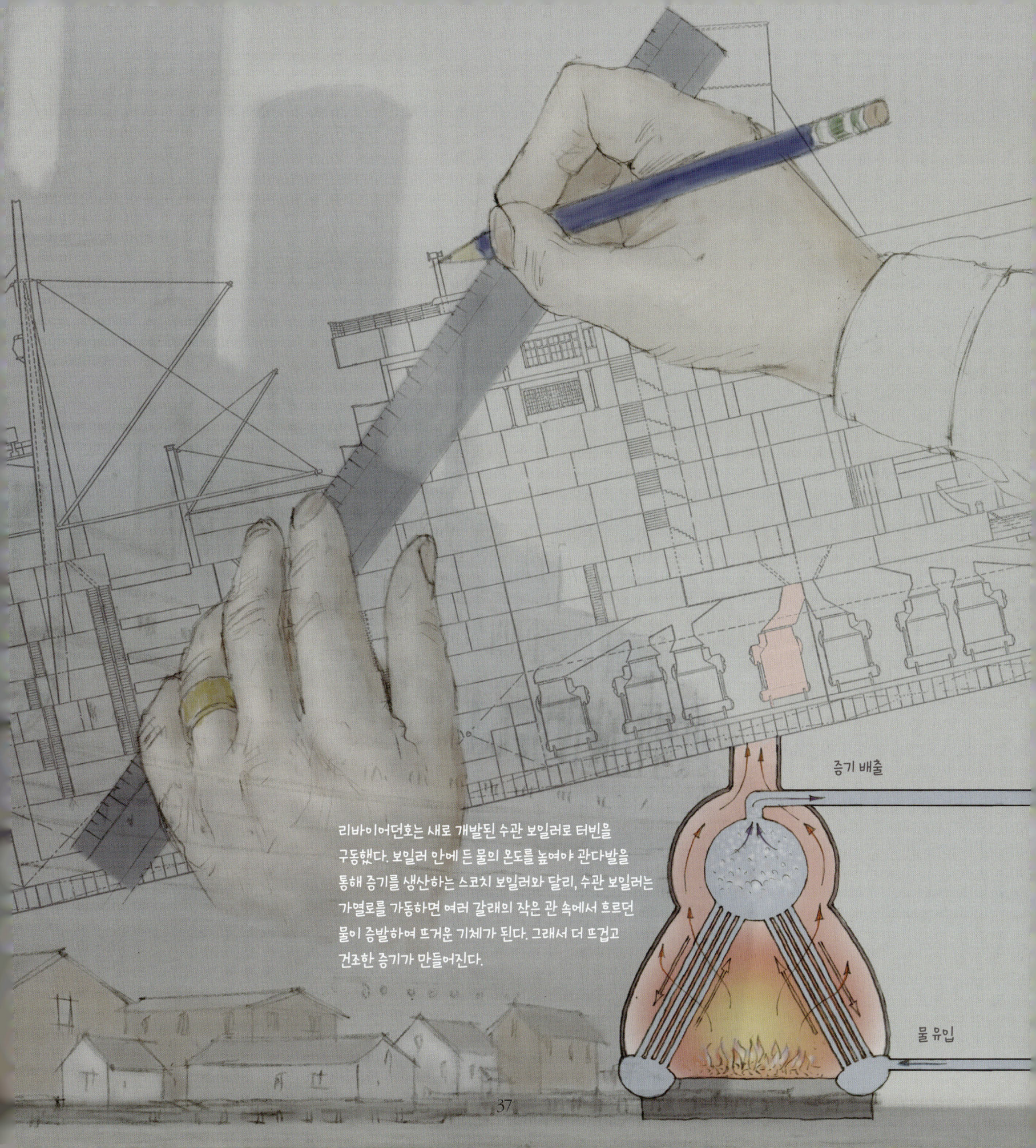

1926년, 말로로호, 길이 177미터

　1926년, 깁스 형제는 어릴 때 세인트 루이스호의 진수식을 보았던 필라델피아의 크램프 조선소로 향했다. 이번에는 자신들이 설계한 첫 여객선인 길이 177미터의 말로로호의 진수식을 보기 위해서였다. 말로로호는 1년 뒤 낸터킷섬 바닷가에서 시운전을 하다가 짙은 안개 속에서 갑자기 나타난 노르웨이 화물선과 부딪쳐 4.3미터 높이의 선체 옆쪽이 찢어지고 말았다. 다행히 이 배에 설치된 수밀 구획 12개 중에서 2개만 침수되었다. 결국 뉴잉글랜드의 바닷물이 7,000톤이나 담긴 말로로호를 수리하기 위해 뉴욕으로 끌고 와야 했다. 윌리엄 프랜시스가 예상했던 시운전은 아니었지만, 이 경험으로 그는 평생 비용보다 안전을 더 중시하는 마음가짐을 가지게 되었다.

　깁스 형제는 1930년에 화물과 승객을 싣고 파나마 운하를 거쳐 뉴욕과 로스앤젤레스를 운항할 길이 약 152미터의 소규모 선단을 설계하고 건조해 달라는 의뢰를 받았다. 그렇게 만든 산타 로사호, 산타 폴라호, 산타 엘레나호, 산타 루시아호는 짐칸을 늘리고 연료 소비는 줄이면서 속도를 높이기 위해 미국에서 만든 최신 터빈과 보일러, 감속기를 장착했다.

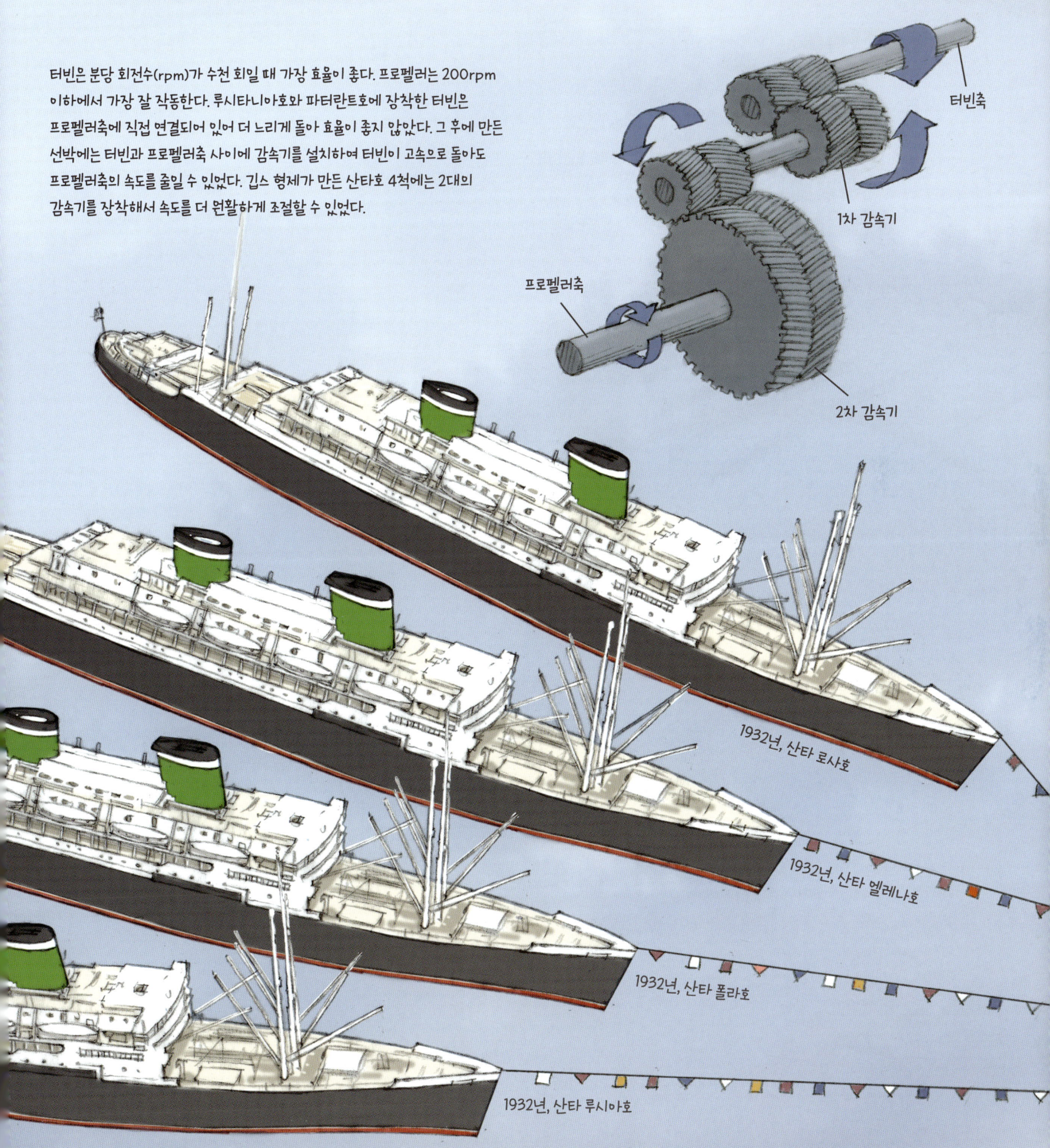

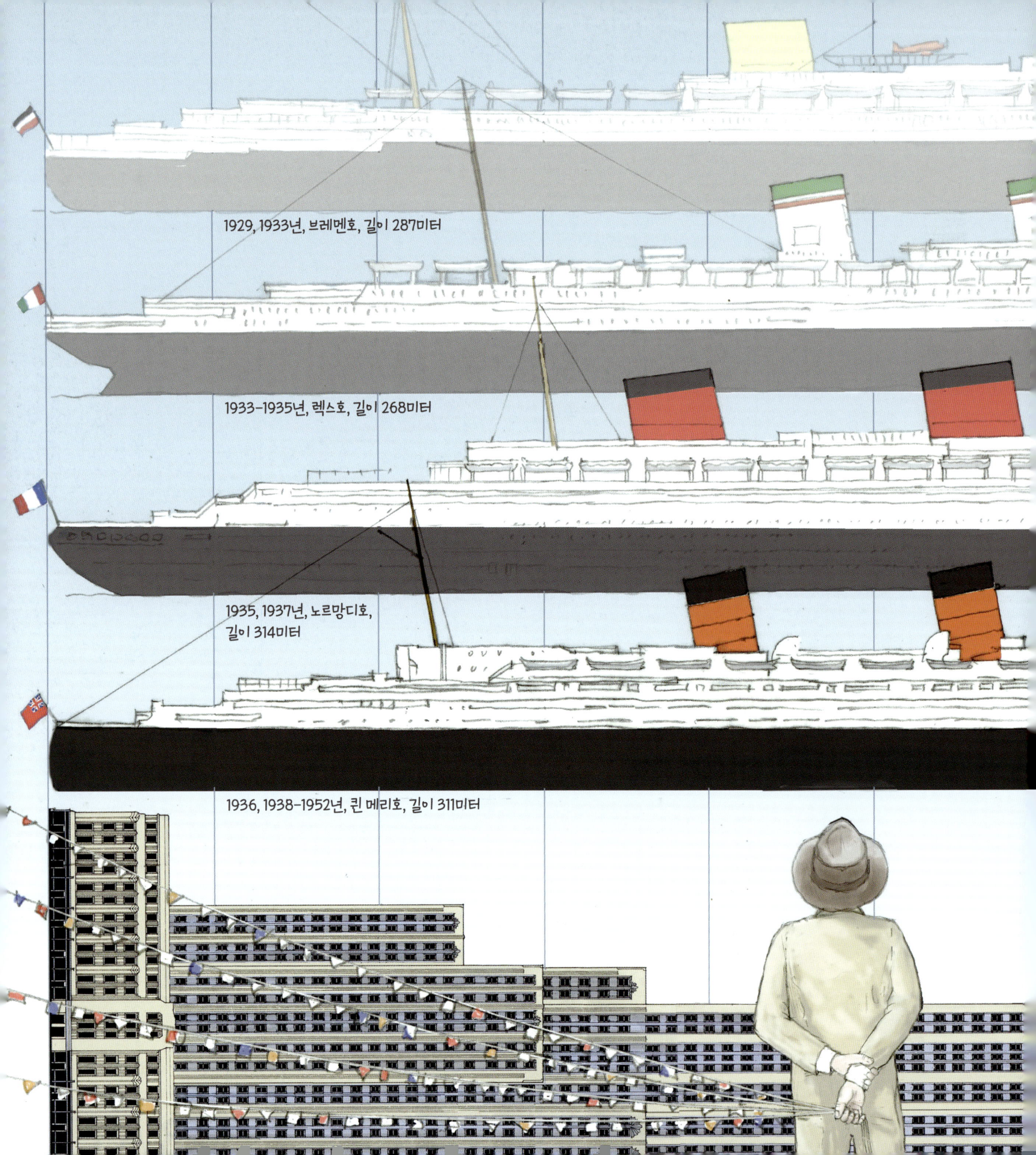

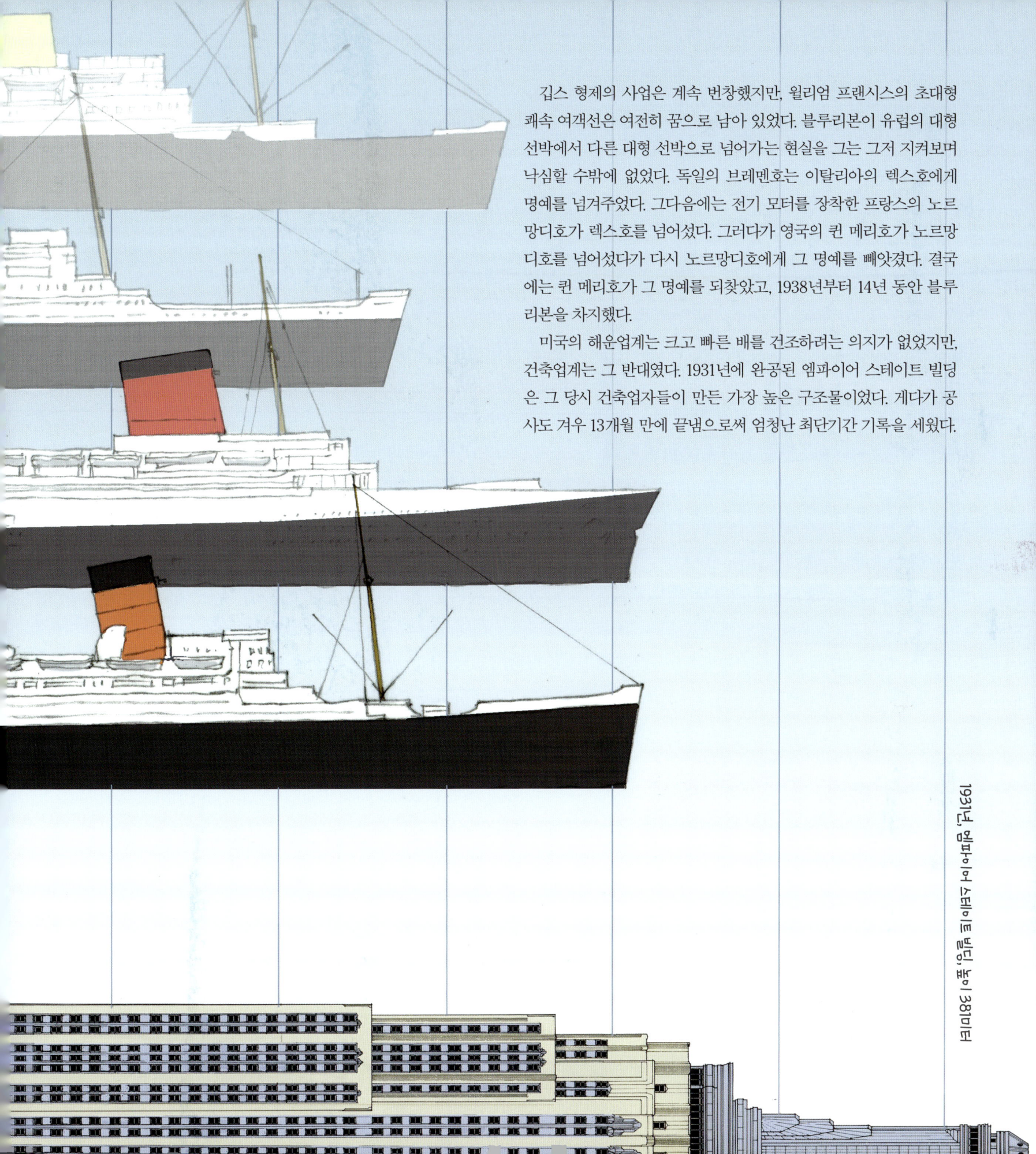

깁스 형제의 사업은 계속 번창했지만, 윌리엄 프랜시스의 초대형 쾌속 여객선은 여전히 꿈으로 남아 있었다. 블루리본이 유럽의 대형 선박에서 다른 대형 선박으로 넘어가는 현실을 그는 그저 지켜보며 낙심할 수밖에 없었다. 독일의 브레멘호는 이탈리아의 렉스호에게 명예를 넘겨주었다. 그다음에는 전기 모터를 장착한 프랑스의 노르망디호가 렉스호를 넘어섰다. 그러다가 영국의 퀸 메리호가 노르망디호를 넘어섰다가 다시 노르망디호에게 그 명예를 빼앗겼다. 결국에는 퀸 메리호가 그 명예를 되찾았고, 1938년부터 14년 동안 블루리본을 차지했다.

미국의 해운업계는 크고 빠른 배를 건조하려는 의지가 없었지만, 건축업계는 그 반대였다. 1931년에 완공된 엠파이어 스테이트 빌딩은 그 당시 건축업자들이 만든 가장 높은 구조물이었다. 게다가 공사도 겨우 13개월 만에 끝냄으로써 엄청난 최단기간 기록을 세웠다.

1931년, 엠파이어 스테이트 빌딩, 높이 381미터

1939년, 아메리카호, 길이 220미터

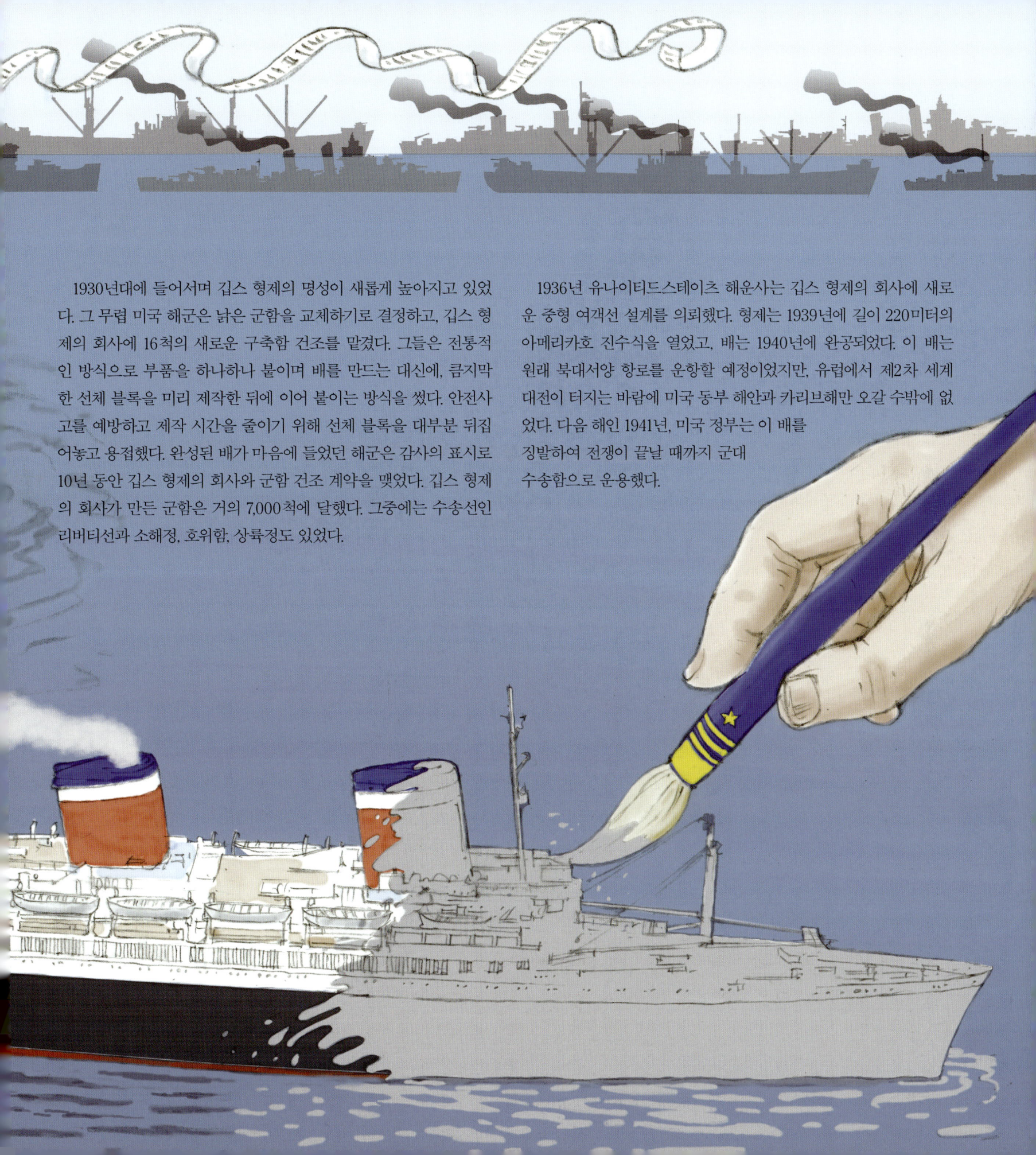

1930년대에 들어서며 깁스 형제의 명성이 새롭게 높아지고 있었다. 그 무렵 미국 해군은 낡은 군함을 교체하기로 결정하고, 깁스 형제의 회사에 16척의 새로운 구축함 건조를 맡겼다. 그들은 전통적인 방식으로 부품을 하나하나 붙이며 배를 만드는 대신에, 큼지막한 선체 블록을 미리 제작한 뒤에 이어 붙이는 방식을 썼다. 안전사고를 예방하고 제작 시간을 줄이기 위해 선체 블록을 대부분 뒤집어놓고 용접했다. 완성된 배가 마음에 들었던 해군은 감사의 표시로 10년 동안 깁스 형제의 회사와 군함 건조 계약을 맺었다. 깁스 형제의 회사가 만든 군함은 거의 7,000척에 달했다. 그중에는 수송선인 리버티선과 소해정, 호위함, 상륙정도 있었다.

1936년 유나이티드스테이츠 해운사는 깁스 형제의 회사에 새로운 중형 여객선 설계를 의뢰했다. 형제는 1939년에 길이 220미터의 아메리카호 진수식을 열었고, 배는 1940년에 완공되었다. 이 배는 원래 북대서양 항로를 운항할 예정이었지만, 유럽에서 제2차 세계대전이 터지는 바람에 미국 동부 해안과 카리브해만 오갈 수밖에 없었다. 다음 해인 1941년, 미국 정부는 이 배를 징발하여 전쟁이 끝날 때까지 군대 수송함으로 운용했다.

1946년에야 비로소 아메리카호는 대서양 횡단 여객선이 될 수 있었다. 1년 뒤 마찬가지로 군대 수송함에서 풀려난 퀸 메리호는 다시 블루리본의 명예를 되찾았다. 경쟁이 치열하다 보니 유나이티드스테이츠 해운사는 깁스 형제에게 또 다른 여객선 건조를 의뢰했다. 아메리카호보다 좀 더 큰 배를 만들어 달라는 것이었다. 깁스는 30년 동안 머릿속으로만 구상한 배를 마침내 구현할 기회가 왔음을 알았다.

깁스가 처음 설계한 대로라면, 그 배는 길이가 약 302미터에 폭이 약 30미터 남짓으로 미국에서 만든 가장 큰 여객선이 될 터였다. 또 상선 중에서 가장 강력한 엔진과 보일러를 갖출 예정이었다. 처음에 프레더릭 깁스는 이 배를 건조하는 데에 약 5,000만 달러가 들 것이라고 짐작했다. 유나이티드스테이츠 해운사가 낼 수 있는 예산의 약 두 배였다. 모든 대형 여객선이 그렇듯이 정부의 지원을 받아야 했다.

총 길이 약 302미터

전시 승선 인원

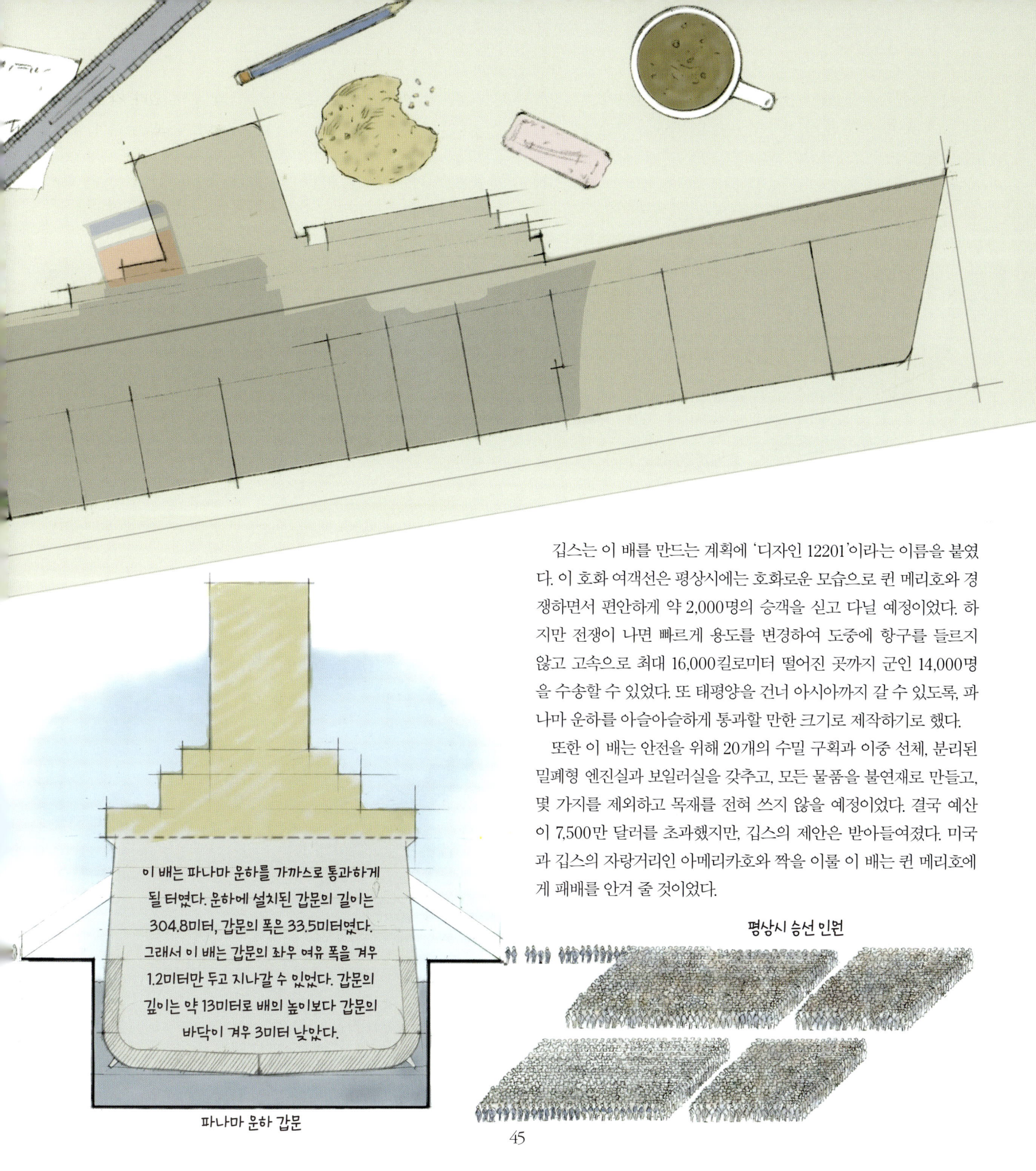

깁스는 이 배를 만드는 계획에 '디자인 12201'이라는 이름을 붙였다. 이 호화 여객선은 평상시에는 호화로운 모습으로 퀸 메리호와 경쟁하면서 편안하게 약 2,000명의 승객을 싣고 다닐 예정이었다. 하지만 전쟁이 나면 빠르게 용도를 변경하여 도중에 항구를 들르지 않고 고속으로 최대 16,000킬로미터 떨어진 곳까지 군인 14,000명을 수송할 수 있었다. 또 태평양을 건너 아시아까지 갈 수 있도록, 파나마 운하를 아슬아슬하게 통과할 만한 크기로 제작하기로 했다.

또한 이 배는 안전을 위해 20개의 수밀 구획과 이중 선체, 분리된 밀폐형 엔진실과 보일러실을 갖추고, 모든 물품을 불연재로 만들고, 몇 가지를 제외하고 목재를 전혀 쓰지 않을 예정이었다. 결국 예산이 7,500만 달러를 초과했지만, 깁스의 제안은 받아들여졌다. 미국과 깁스의 자랑거리인 아메리카호와 짝을 이룰 이 배는 퀸 메리호에게 패배를 안겨 줄 것이었다.

이 배는 파나마 운하를 가까스로 통과하게 될 터였다. 운하에 설치된 갑문의 길이는 304.8미터, 갑문의 폭은 33.5미터였다. 그래서 이 배는 갑문의 좌우 여유 폭을 겨우 1.2미터만 두고 지나갈 수 있었다. 갑문의 깊이는 약 13미터로 배의 높이보다 갑문의 바닥이 겨우 3미터 낮았다.

파나마 운하 갑문

평상시 승선 인원

모든 배의 속도는 출력, 모양, 무게의 조합에 따라 달라진다. 깁스는 배의 무게를 가능한 한 줄이기 위해 상부구조물(강철 선체 상갑판 위쪽에 놓이는 모든 것)의 많은 부분을 알루미늄으로 만들기로 했다. 알루미늄의 강도는 강철보다 약하지만, 무게는 약 60퍼센트 더 가볍기 때문이었다.

배에는 4대의 나선형 프로펠러를 장착할 예정이었다. 각 프로펠러는 6만 마력의 터빈 한 쌍으로 돌리기로 했다. 보일러에서 섭씨 540도로 과열된 증기가 고압 터빈을 먼저 지나며 날개를 5,000rpm으로 회전시킨 뒤, 대형 저압 터빈으로 들어가서 날개를 3,500rpm으로 회전시킨다. 여기에 감속기를 써서 터빈의 빠른 회전 속도를 프로펠러축에 훨씬 더 적합한 150rpm으로 줄인다.

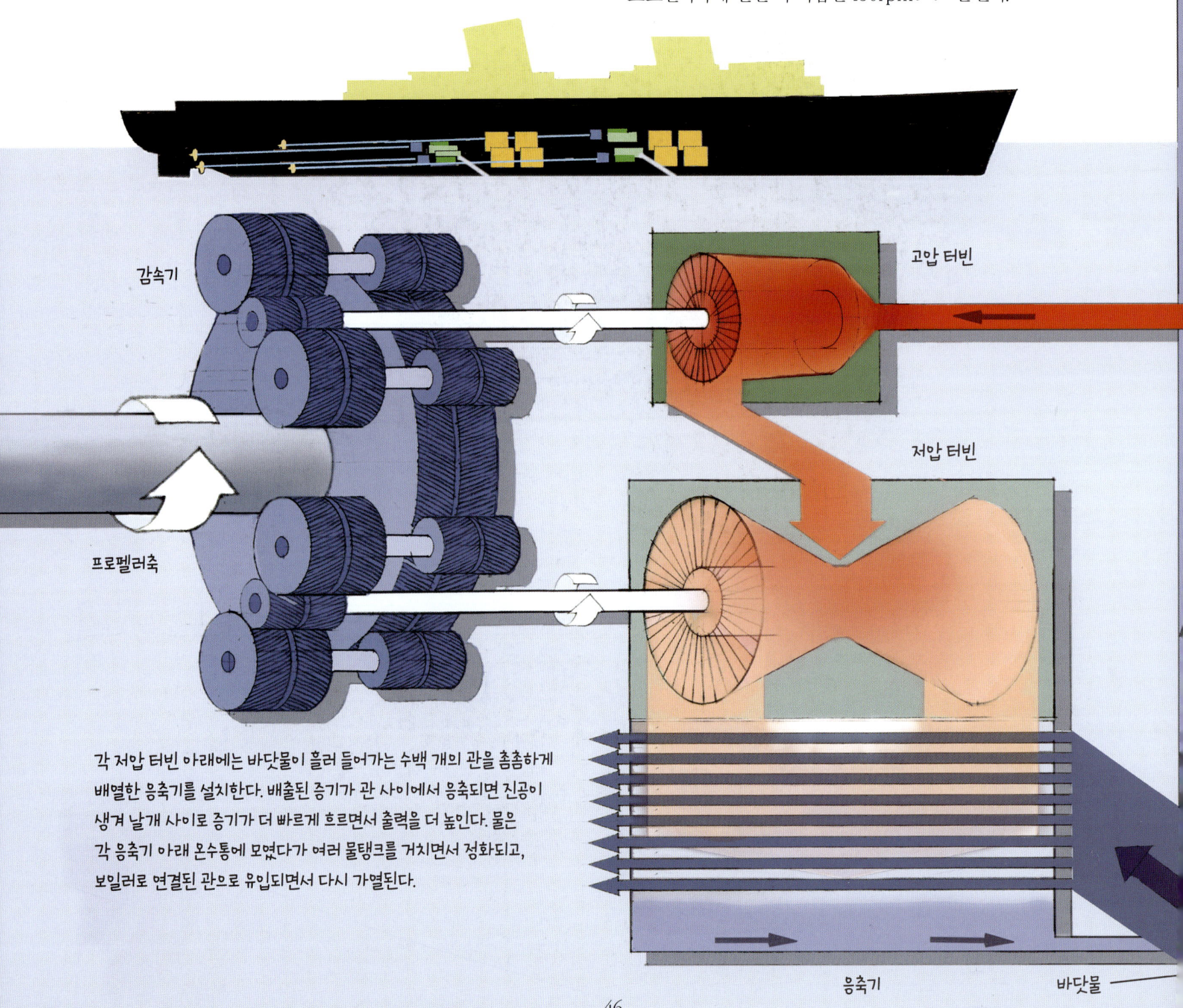

각 저압 터빈 아래에는 바닷물이 흘러 들어가는 수백 개의 관을 촘촘하게 배열한 응축기를 설치한다. 배출된 증기가 관 사이에서 응축되면 진공이 생겨 날개 사이로 증기가 더 빠르게 흐르면서 출력을 더 높인다. 물은 각 응축기 아래 온수통에 모였다가 여러 물탱크를 거치면서 정화되고, 보일러로 연결된 관으로 유입되면서 다시 가열된다.

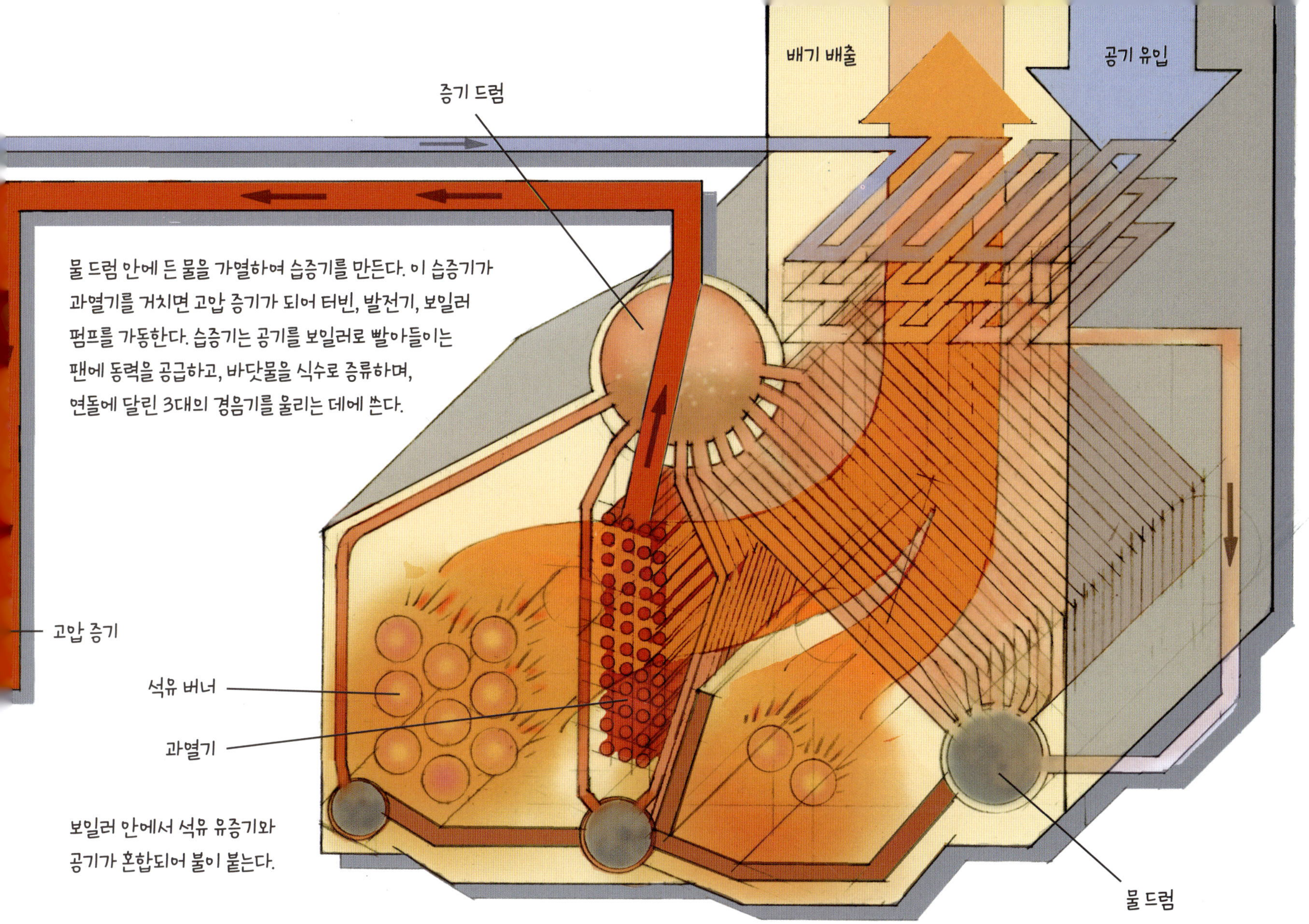

배기 배출

공기 유입

증기 드럼

물 드럼 안에 든 물을 가열하여 습증기를 만든다. 이 습증기가 과열기를 거치면 고압 증기가 되어 터빈, 발전기, 보일러 펌프를 가동한다. 습증기는 공기를 보일러로 빨아들이는 팬에 동력을 공급하고, 바닷물을 식수로 증류하며, 연돌에 달린 3대의 경음기를 울리는 데에 쓴다.

고압 증기

석유 버너

과열기

보일러 안에서 석유 유증기와 공기가 혼합되어 불이 붙는다.

물 드럼

효율이 가장 좋은 선체의 형태를 알아내기 위해 깁스는 세부 설계를 토대로 길이 약 6미터의 나무 모형을 제작했다. 모형에 다양한 기록 장치를 붙인 뒤, 받침대에 묶어서 물이 가득 찬 긴 물통에 띄웠다. 모형실험은 다양한 물결 조건에서 나무 모형을 다른 속도로 끌어 당기며 여러 번 시행했다.

그렇게 나온 결과를 자세히 연구한 뒤 모형을 다듬어서 성능을 개선해 나갔다. 기술자들은 가장 좋은 선체의 형태라고 확신한 표면의 곡률을 꼼꼼히 기록했다. 그래서 실물 크기의 선박 모형을 만들 때 정확하게 재현할 수 있었다.

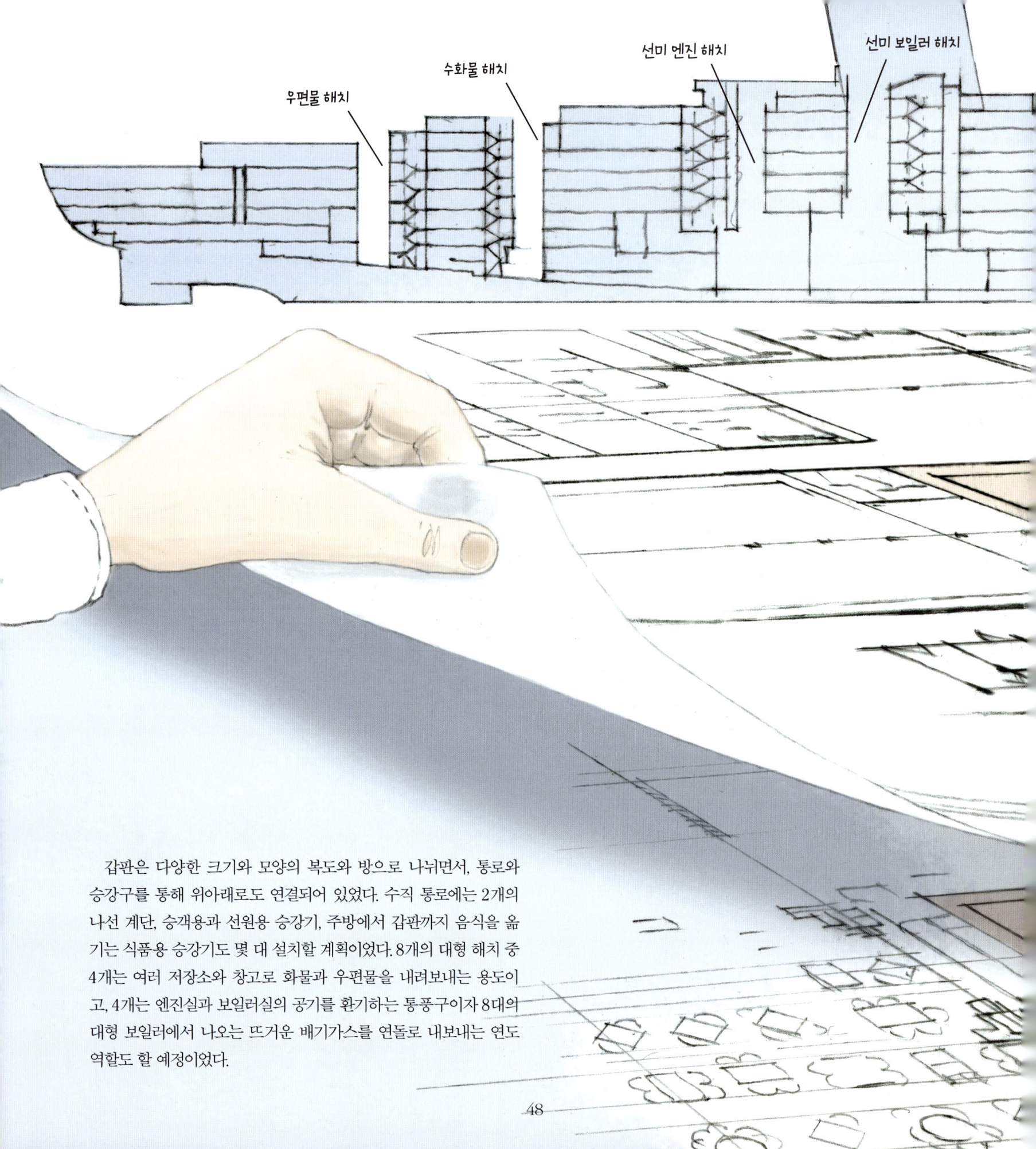

우편물 해치 · 수화물 해치 · 선미 엔진 해치 · 선미 보일러 해치

갑판은 다양한 크기와 모양의 복도와 방으로 나뉘면서, 통로와 승강구를 통해 위아래로도 연결되어 있었다. 수직 통로에는 2개의 나선 계단, 승객용과 선원용 승강기, 주방에서 갑판까지 음식을 옮기는 식품용 승강기도 몇 대 설치할 계획이었다. 8개의 대형 해치 중 4개는 여러 저장소와 창고로 화물과 우편물을 내려보내는 용도이고, 4개는 엔진실과 보일러실의 공기를 환기하는 통풍구이자 8대의 대형 보일러에서 나오는 뜨거운 배기가스를 연돌로 내보내는 연도 역할도 할 예정이었다.

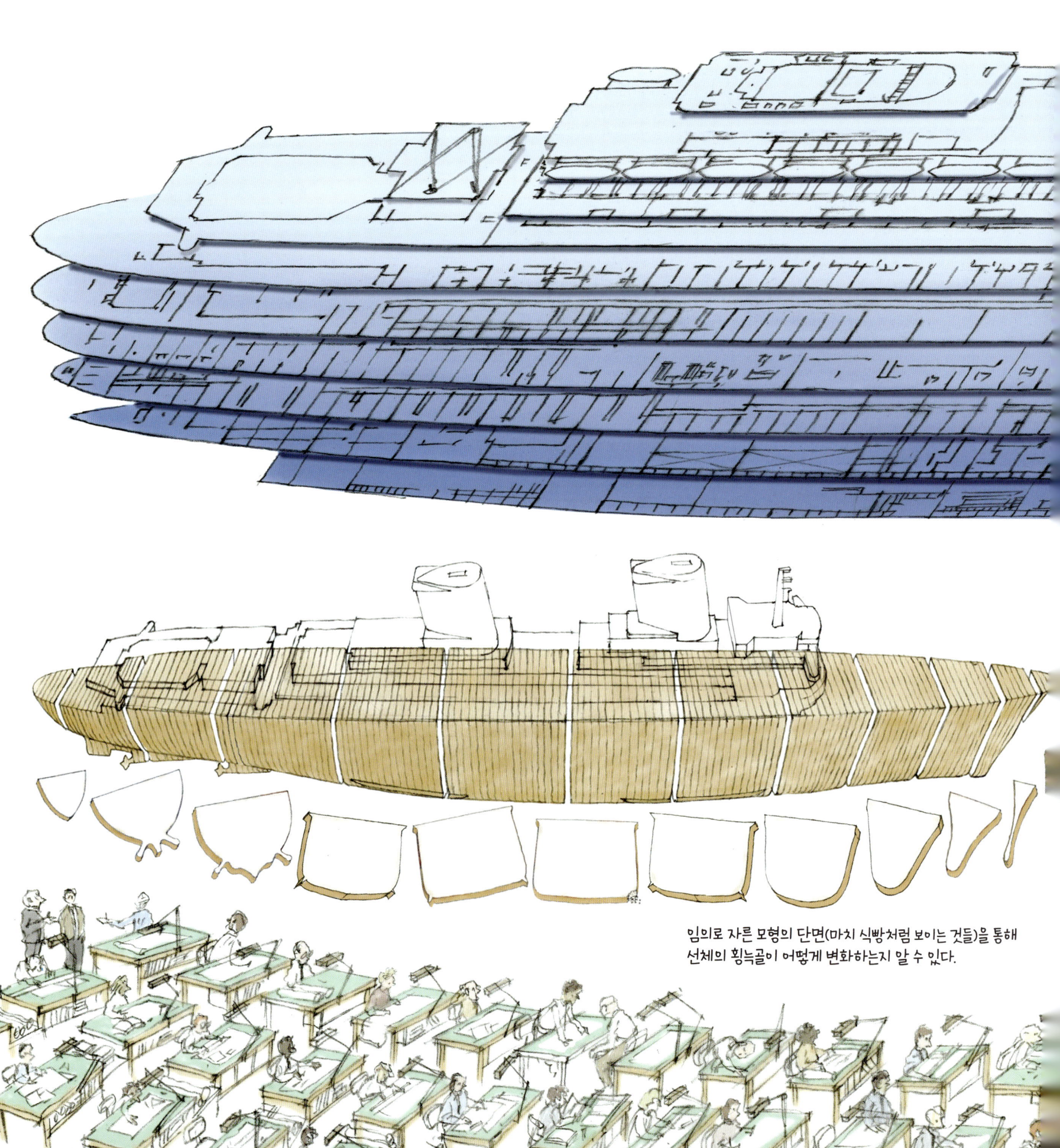

임의로 자른 모형의 단면(마치 식빵처럼 보이는 것들)을 통해 선체의 횡늑골이 어떻게 변화하는지 알 수 있다.

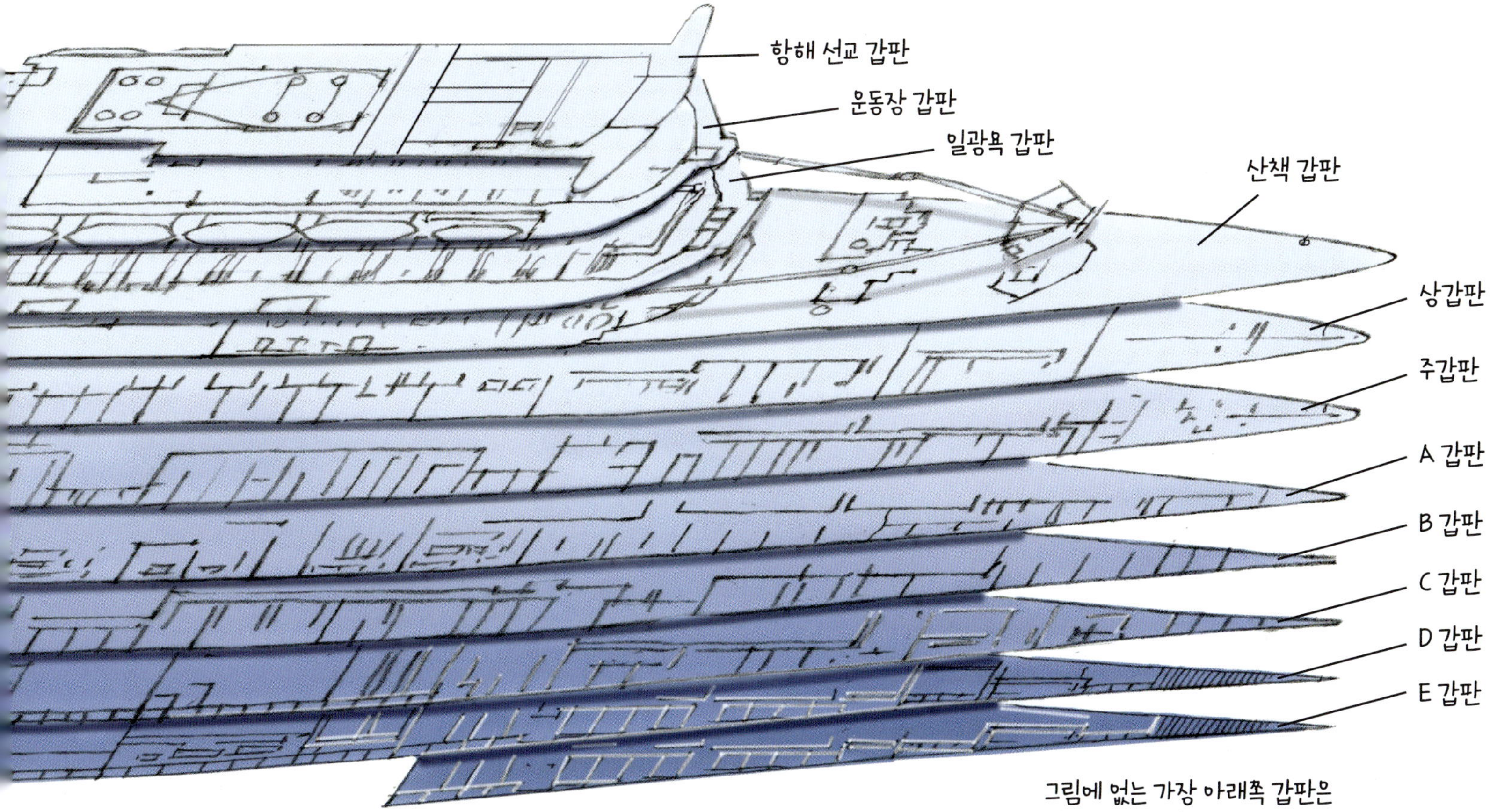

항해 선교 갑판
운동장 갑판
일광욕 갑판
산책 갑판
상갑판
주갑판
A 갑판
B 갑판
C 갑판
D 갑판
E 갑판

그림에 없는 가장 아래쪽 갑판은 선체 내판 바닥이다.

　1949년까지 설계사들은 철골 구조와 리벳의 위치부터 주방 배치와 페인트 색깔에 이르기까지, 모든 것을 기록한 수백 장의 설계도를 그렸다. 어떤 조선소에 건조를 맡길지 결정하는 입찰 단계부터 시작하여 실제 배의 건조를 준비하는 과정 동안 깁스 형제는 이 많은 설계도를 본뜬 도면을 수천 장 만들었다. 각 도면에 담긴 정보가 어느 위치를 가리키는지 금방 파악할 수 있도록 빵을 얇게 자르듯이 배의 길이를 365조각으로 나눈 뒤, 각 조각을 횡늑골이라고 불렀다. 배를 건조하는 기간에는 작업자들이 스스로 정확히 어디에 있는지 알 수 있도록 벽과 기둥에 횡늑골 번호를 적어 둘 예정이었다.

　깁스 형제가 배의 횡늑골을 나누고 있을 무렵에 맥컬레이 가족은 짐을 상자에 나누고 있었다. 우리 가족은 당시 살던 곳에서 북쪽으로 약 137킬로미터 떨어진 영국의 소도시 볼턴으로 이삿짐을 옮기려던 참이었다. 아빠는 새로운 일을 시작하러 먼저 떠났고, 남은 가족은 잠시 할머니 할아버지와 함께 살았다. 비슷한 일은 8년 뒤에 다시 일어났다. 이제 우리 가족은 훨씬 더 먼 곳으로 이사할 예정이었다.

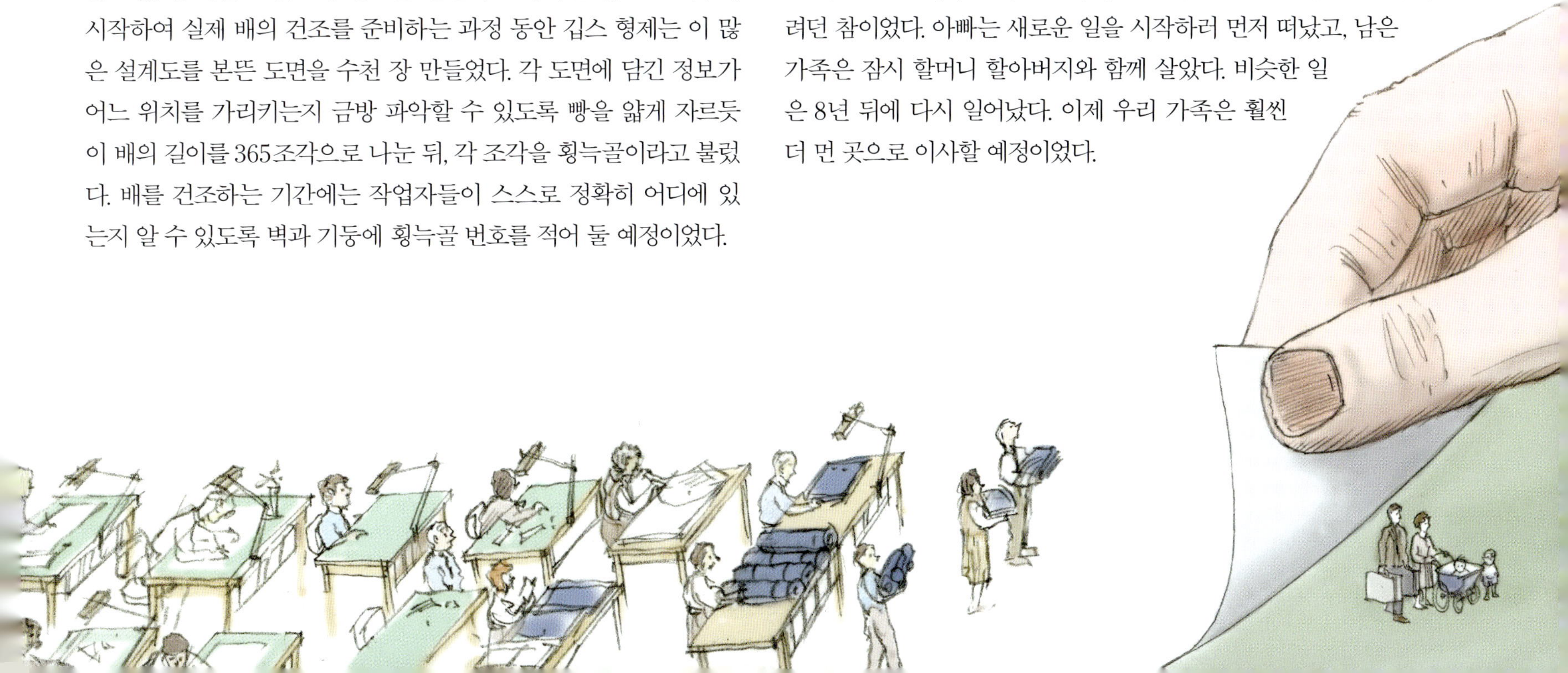

3

버지니아주 뉴포트뉴스에 있는 뉴포트뉴스 조선소가 1949년 5월 초대형 호화 여객선을 만들 곳으로 선정되었다. 이 여객선은 조선소에서 가장 큰 드라이 도크에서 건조될 예정이었다. 이 10번 드라이 도크는 길이가 293미터, 폭이 39미터이며, 바닥은 해수면보다 11미터 정도 낮았다. 드라이 도크의 개구부 쪽은 강철로 만든 '도크용 수문'으로 임시로 막아 놓았다. 드라이 도크 안에 있는 물을 빼내면 제임스강의 수압에 도크용 수문이 안쪽으로 밀려 조선소가 원하는 기간만큼 물을 막아 둘 수 있었다.

선체의 좌우 양쪽 끝이 드라이 도크 밖으로 좀 튀어나왔지만, 도크의 깊이가 깊어서 흘수선 아래쪽으로는 선체의 형태를 잘 숨길 수 있었다. 특히 배의 세부 구조와 속력을 비밀로 유지하고 싶었던 깁스는 그 점이 마음에 들었다.

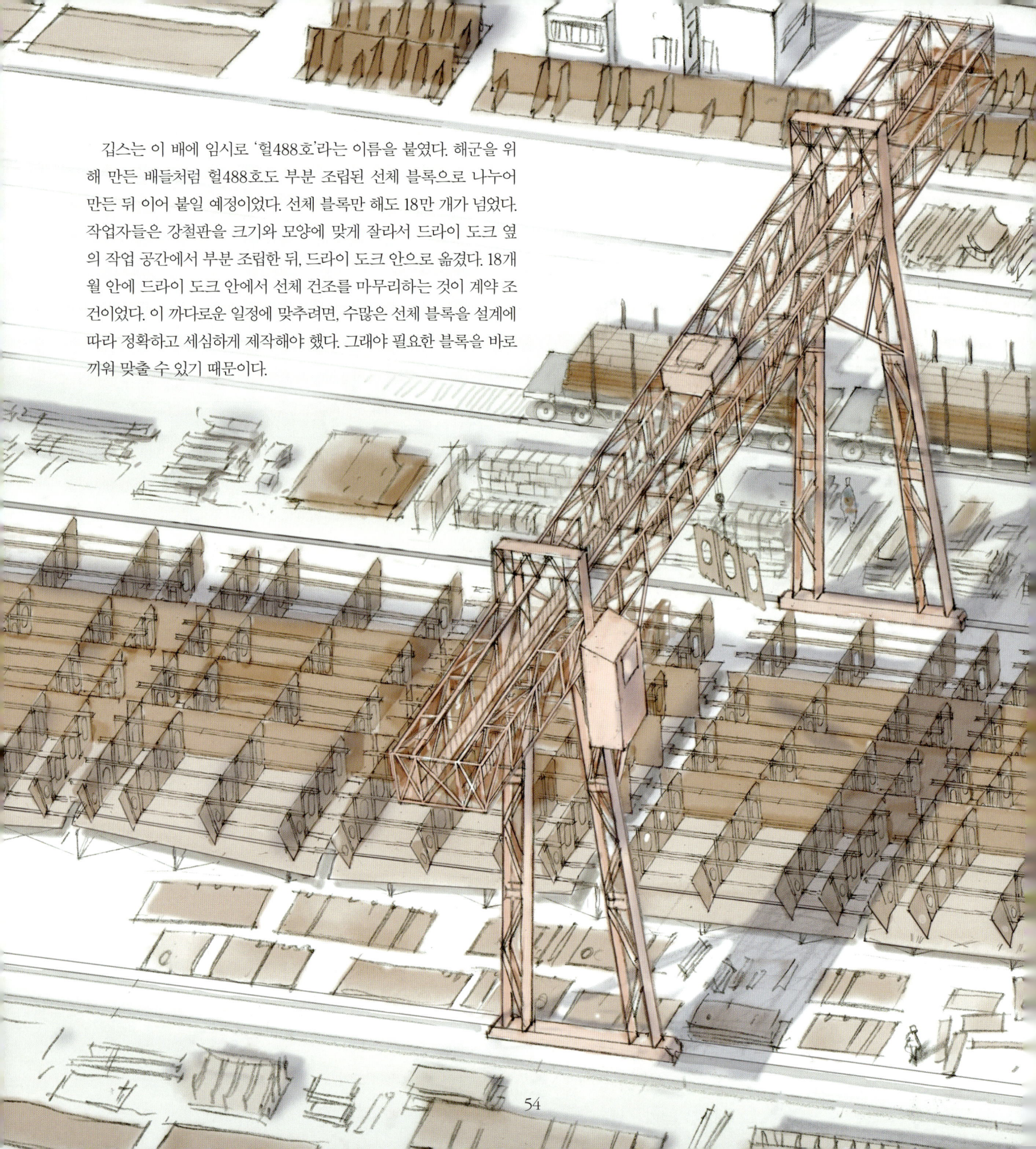

깁스는 이 배에 임시로 '헐488호'라는 이름을 붙였다. 해군을 위해 만든 배들처럼 헐488호도 부분 조립된 선체 블록으로 나누어 만든 뒤 이어 붙일 예정이었다. 선체 블록만 해도 18만 개가 넘었다. 작업자들은 강철판을 크기와 모양에 맞게 잘라서 드라이 도크 옆의 작업 공간에서 부분 조립한 뒤, 드라이 도크 안으로 옮겼다. 18개월 안에 드라이 도크 안에서 선체 건조를 마무리하는 것이 계약 조건이었다. 이 까다로운 일정에 맞추려면, 수많은 선체 블록을 설계에 따라 정확하고 세심하게 제작해야 했다. 그래야 필요한 블록을 바로 끼워 맞출 수 있기 때문이다.

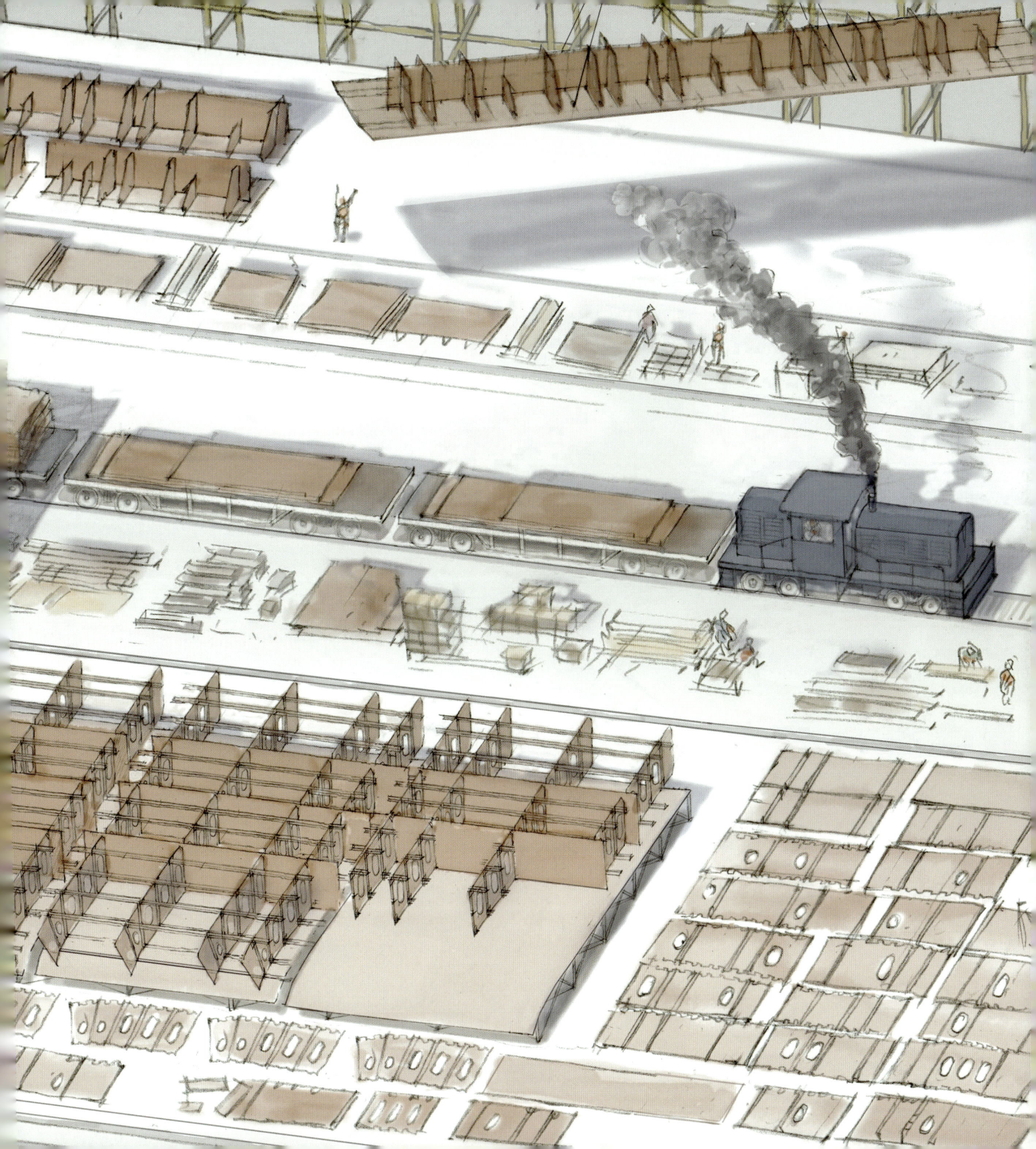

　1950년 2월 8일, 깁스 형제는 조선소 임원들과 함께 '용골 거치식'에 참석했다. 드라이 도크 안에 배의 전체 바닥을 받치는 '중심 철골'의 첫 번째 조각을 내려놓는 것을 기념하는 전통적인 행사였다. 이 조각은 길이가 33미터에 무게가 55톤이었다. 가장 중요한 일은 도크의 한가운데에 너비 1.5미터에 높이 1.5미터로 쌓은 노란 참나무 목재 줄과 딱 맞도록 첫 번째 용골 조각을 내려놓는 것이었다. 물론 관람객들 위로 떨어뜨리는 일은 절대 없도록 조심했다. 만일 이 첫 번째 용골 조각이 목재 위에 조금이라도 비뚤어지게 놓이면, 선체가 틀어져 바다에서 배를 조종하거나 속도를 조절하는 데에 큰 문제가 생길 수 있었다. 바닥에서 불과 10센티미터쯤 높이까지 엄청나게 무거운 용골 조각을 내린 뒤, 작업자들이 조심조심 밀고 당기면서 한가운데 위치를 잡은 다음 노란 참나무 목재 위에 똑바로 내려놓았다.

　행사가 끝난 뒤, 작업자들은 평소에 하던 대로 일을 시작했다. 한 시간도 채 지나지 않아 두 번째 용골 조각이 내려졌고, 그렇게 1년 반 동안 꾸준히 선체 건조가 진행되었다. 이 일을 30여 년 동안 꿈꾸던 윌리엄 프랜시스는 거의 주말마다 뉴욕에 와서 일이 제대로 진행되고 있는지 꼼꼼히 확인하곤 했다. 그는 세세한 부분까지 놓치지 않았다.

용골 조각이 놓이자, 선체 외판의 바닥판들도 용골의 양쪽으로 나란히 놓였다. 이 판들의 끝부분을 서로 용접한 것이 배밑판이 되었다. 배밑판과 용골이 겹치는 부위에는 리벳을 2~3줄로 죽 박아 이어 붙였다. 그다음 미리 부분 조립한 격자 틀이 붙은 내판 선체 블록을 바닥판 옆으로 내려서 용접했다.

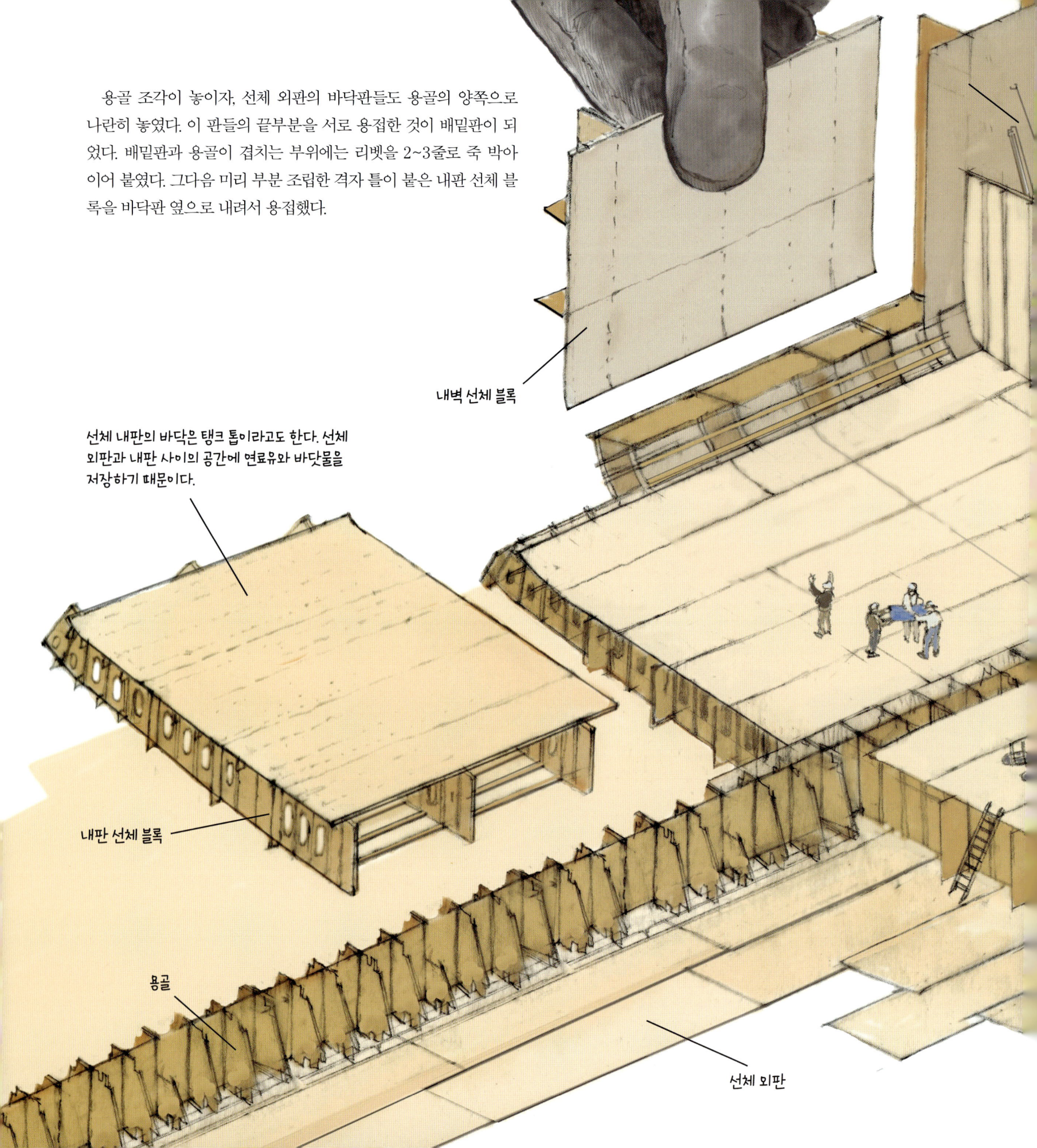

내벽 선체 블록

선체 내판의 바닥은 탱크 톱이라고도 한다. 선체 외판과 내판 사이의 공간에 연료유와 바닷물을 저장하기 때문이다.

내판 선체 블록

용골

선체 외판

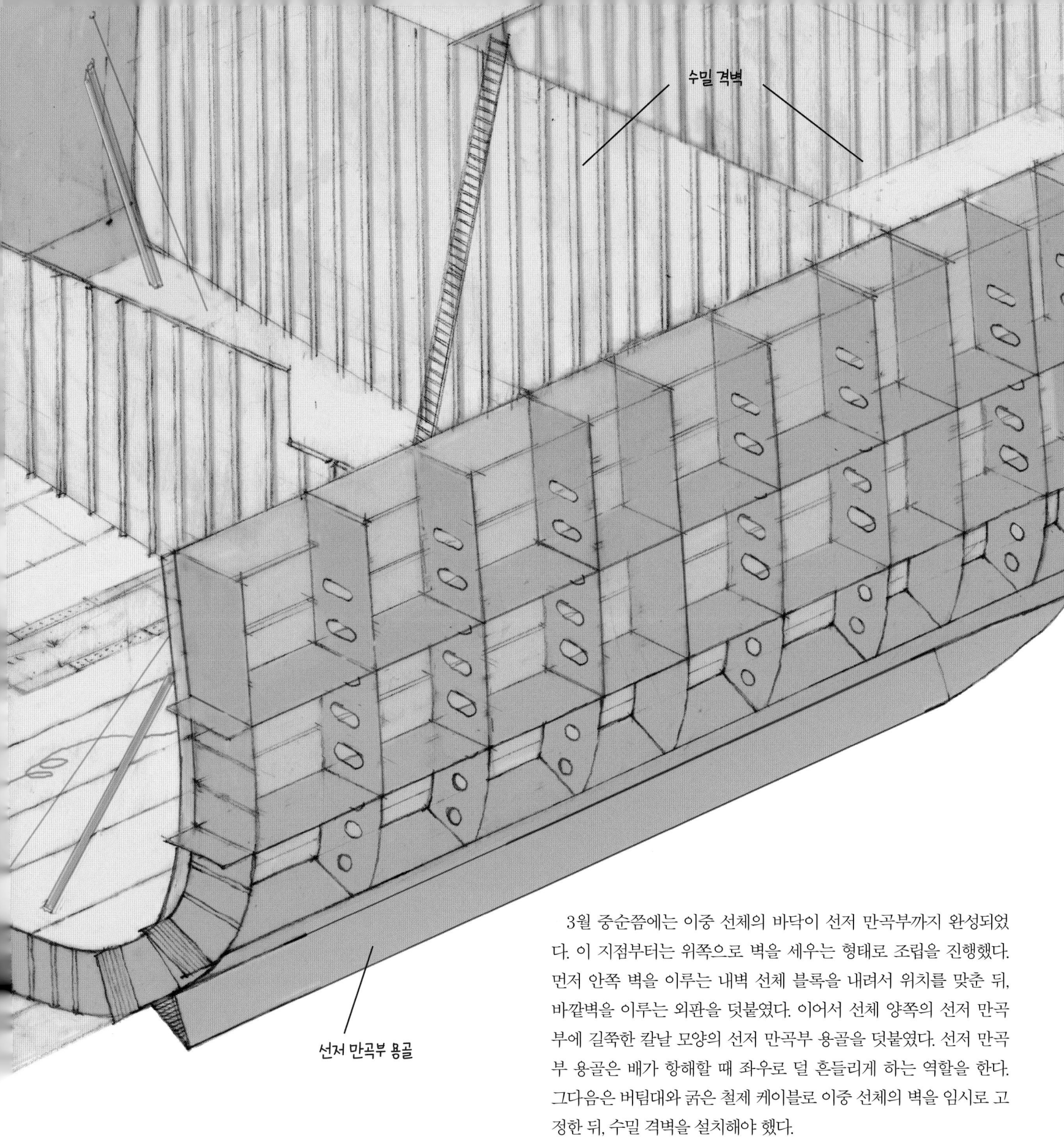

3월 중순쯤에는 이중 선체의 바닥이 선저 만곡부까지 완성되었다. 이 지점부터는 위쪽으로 벽을 세우는 형태로 조립을 진행했다. 먼저 안쪽 벽을 이루는 내벽 선체 블록을 내려서 위치를 맞춘 뒤, 바깥벽을 이루는 외판을 덧붙였다. 이어서 선체 양쪽의 선저 만곡부에 길쭉한 칼날 모양의 선저 만곡부 용골을 덧붙였다. 선저 만곡부 용골은 배가 항해할 때 좌우로 덜 흔들리게 하는 역할을 한다. 그다음은 버팀대와 굵은 철제 케이블로 이중 선체의 벽을 임시로 고정한 뒤, 수밀 격벽을 설치해야 했다.

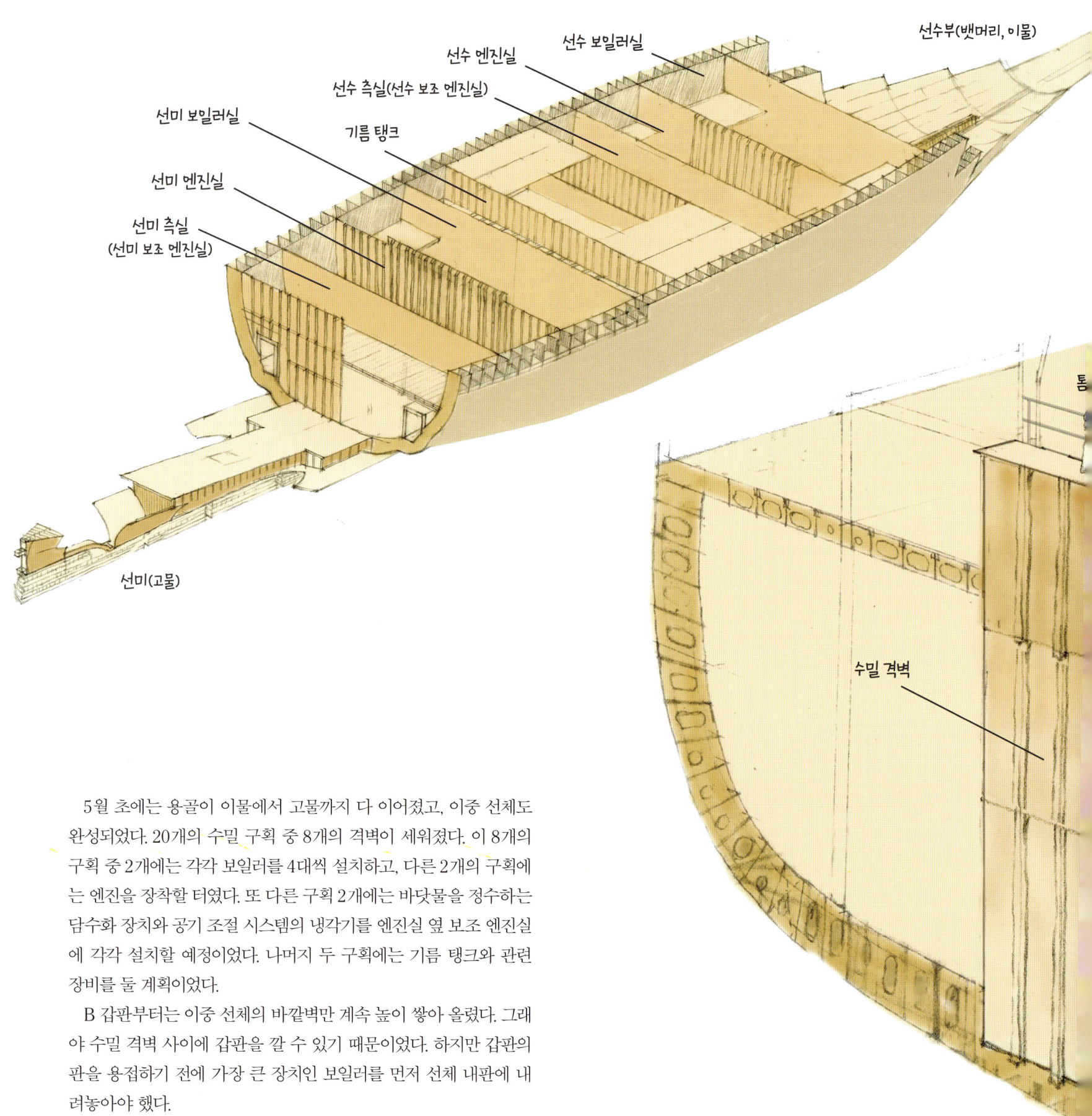

5월 초에는 용골이 이물에서 고물까지 다 이어졌고, 이중 선체도 완성되었다. 20개의 수밀 구획 중 8개의 격벽이 세워졌다. 이 8개의 구획 중 2개에는 각각 보일러를 4대씩 설치하고, 다른 2개의 구획에는 엔진을 장착할 터였다. 또 다른 구획 2개에는 바닷물을 정수하는 담수화 장치와 공기 조절 시스템의 냉각기를 엔진실 옆 보조 엔진실에 각각 설치할 예정이었다. 나머지 두 구획에는 기름 탱크와 관련 장비를 둘 계획이었다.

B 갑판부터는 이중 선체의 바깥벽만 계속 높이 쌓아 올렸다. 그래야 수밀 격벽 사이에 갑판을 깔 수 있기 때문이었다. 하지만 갑판의 판을 용접하기 전에 가장 큰 장치인 보일러를 먼저 선체 내판에 내려놓아야 했다.

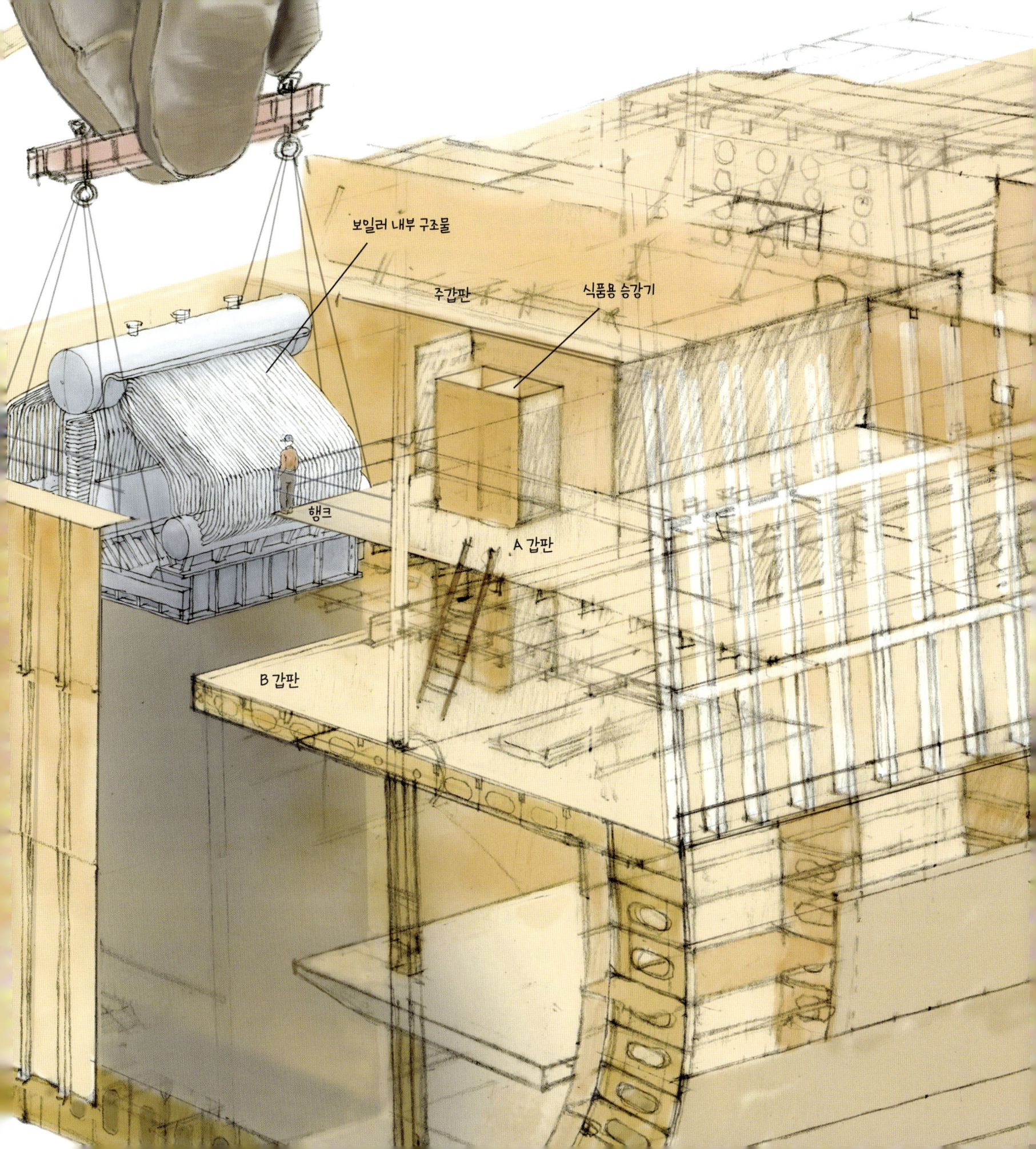

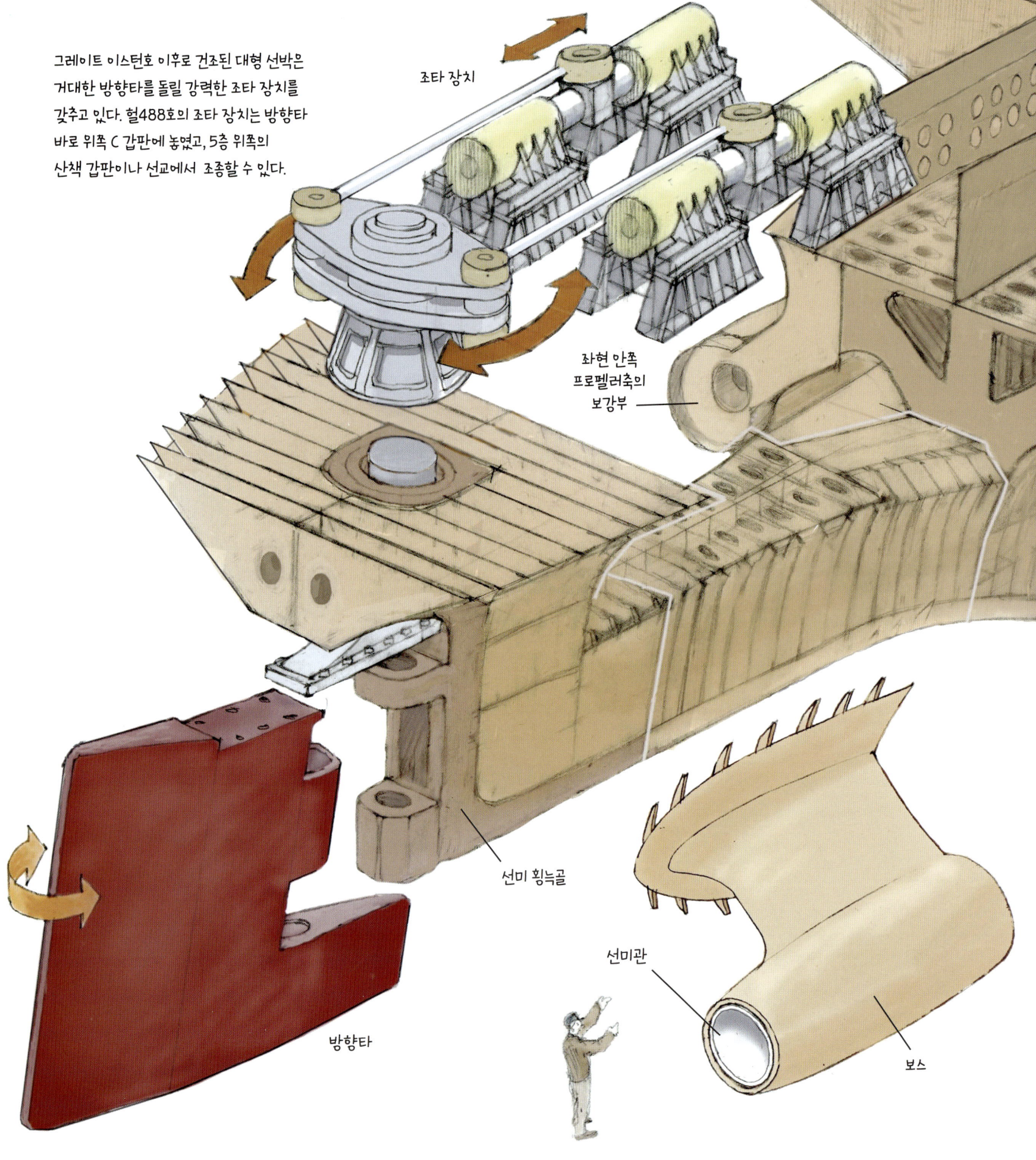

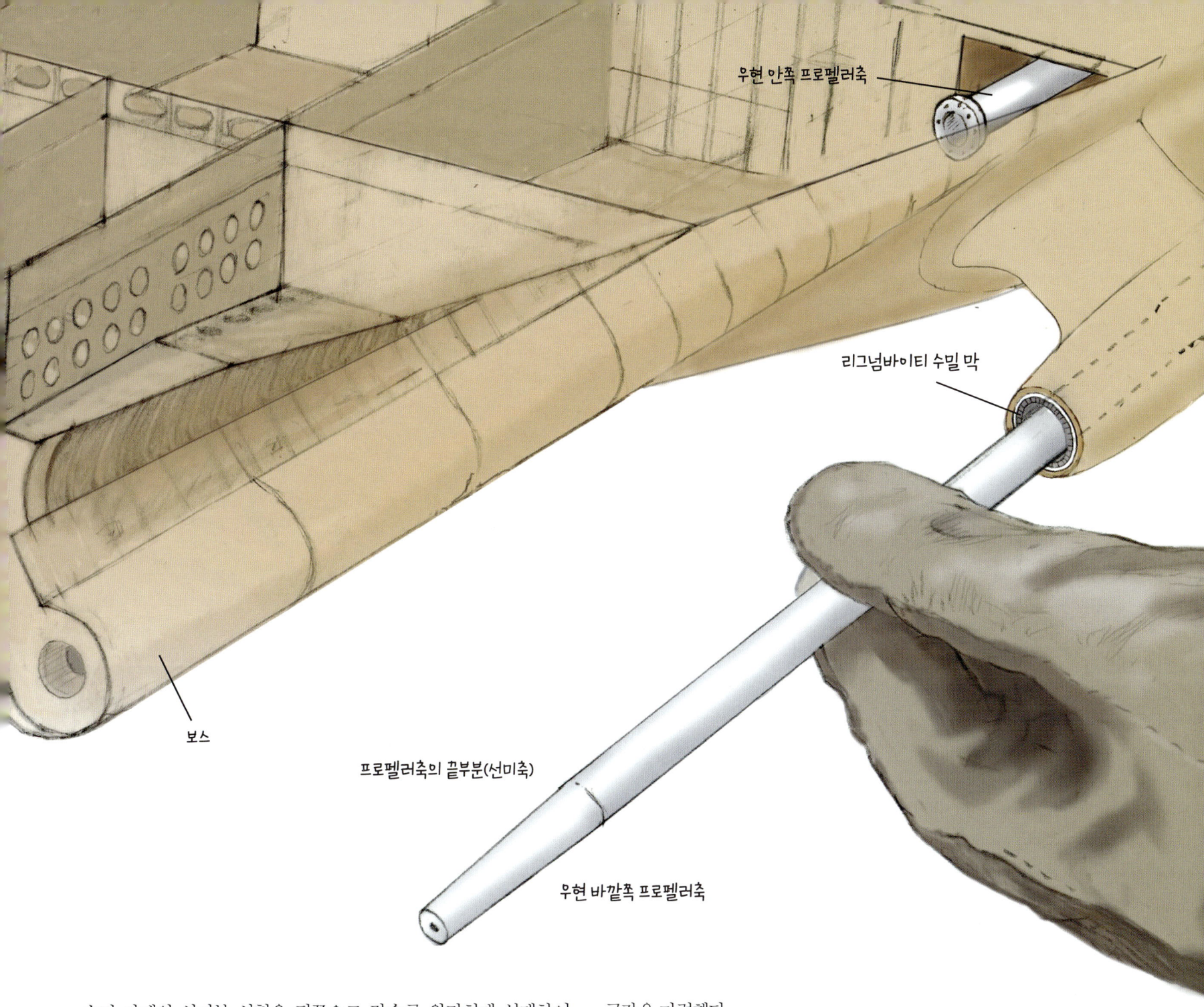

수면 아래의 선미부 선형은 뒤쪽으로 갈수록 완만하게 설계하여 프로펠러와 방향타 쪽으로 이동하는 물의 흐름을 원활하게 했다. 이때 프로펠러가 일으키는 진동을 최소화하고 이 부분의 선체 구조를 보강하기 위해 횡늑골 사이의 간격을 촘촘하게 했다.

선미 횡늑골이라고 불리는 커다란 주물 안에는 방향타를 지탱하는 선체 블록 중 하나가 들어 있었다. 홀수선 위쪽부터 방향타 너머까지 선체의 폭이 점점 넓어지도록 만들어서 갑판으로 쓰일 유용한 공간을 마련했다.

선체 안쪽의 프로펠러축 부분은 안전을 위해 수밀 관으로 감쌌다. 프로펠러축은 선체를 관통하여 보스라고 불리는 유선형의 선미관으로 선체 밑바닥까지 연결하였다. 프로펠러축과 선미관 사이에 물이 스며들지 않도록 윤활 작용을 하는 아주 단단한 리그넘바이티 나무(유창목)로 틈새를 밀봉했다.

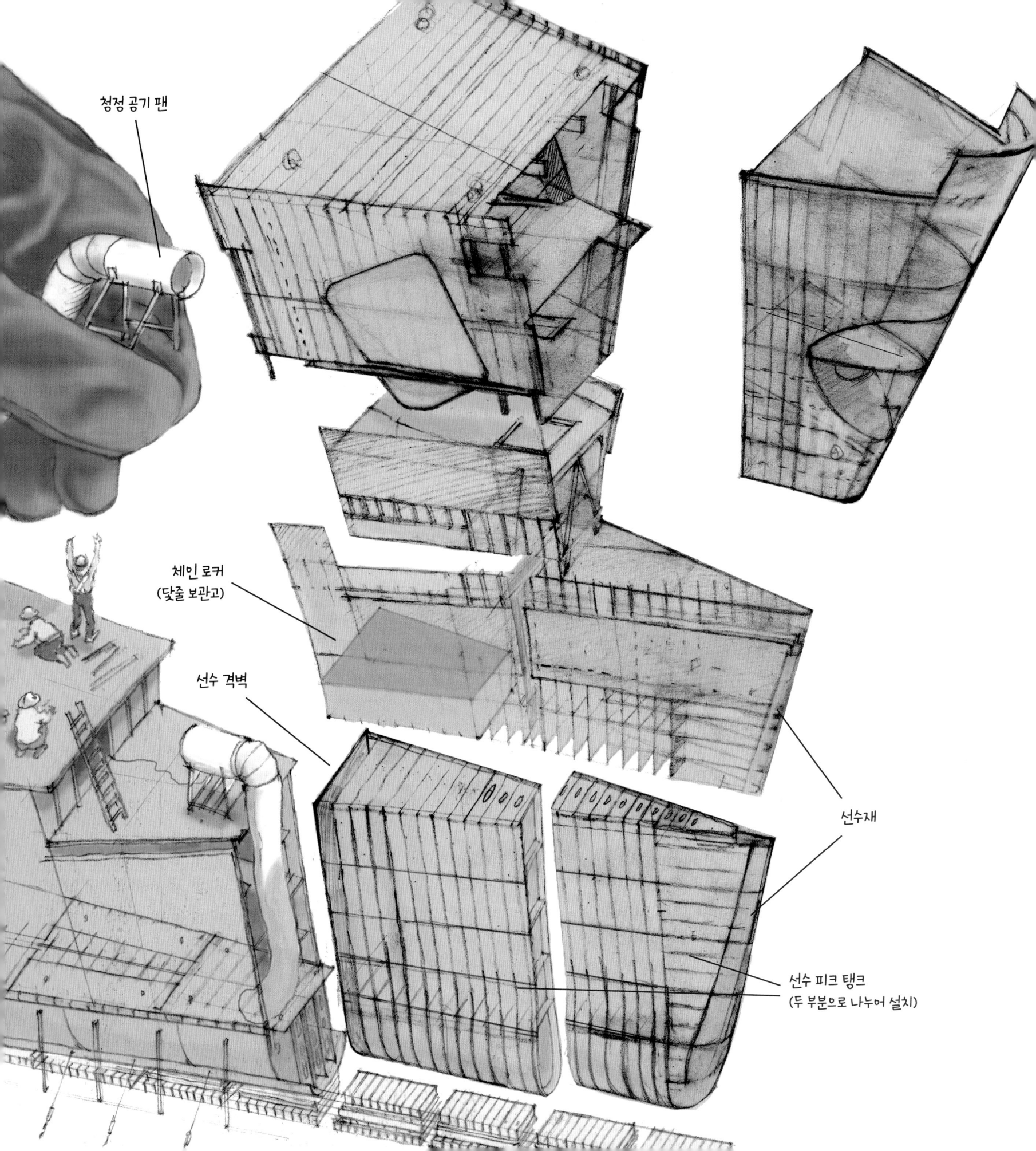

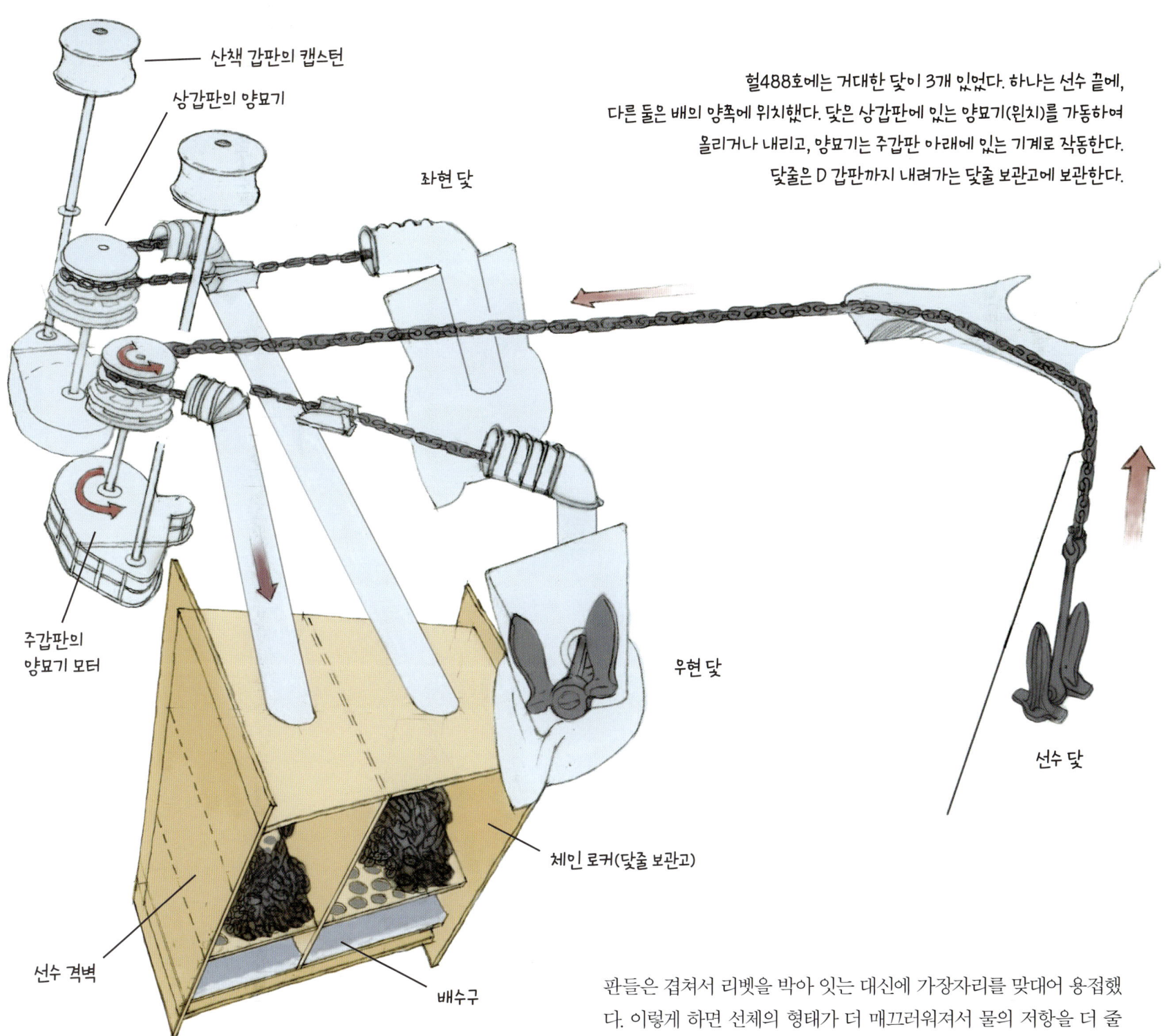

헐488호에는 거대한 닻이 3개 있었다. 하나는 선수 끝에, 다른 둘은 배의 양쪽에 위치했다. 닻은 상갑판에 있는 양묘기(윈치)를 가동하여 올리거나 내리고, 양묘기는 주갑판 아래에 있는 기계로 작동한다. 닻줄은 D 갑판까지 내려가는 닺줄 보관고에 보관한다.

- 산책 갑판의 캡스턴
- 상갑판의 양묘기
- 좌현 닻
- 주갑판의 양묘기 모터
- 우현 닻
- 선수 닻
- 체인 로커(닻줄 보관고)
- 선수 격벽
- 배수구

선수도 선미와 마찬가지로 북대서양의 거친 파도를 견딜 수 있도록 횡늑골을 촘촘하게 보강했다. 선수의 맨 앞쪽 끝은 선수재라는 V자나 U자 모양의 강철판을 붙여서 더 튼튼하게 만들었다. 선수재에서 흘수선 지점까지는 너비가 약 10센티미터에 불과했지만, 용골까지의 길이는 약 1.8미터에 달했다. 이 돌출부는 선체의 좌우 양쪽을 따라 물을 더 원활하게 밀어내는 역할을 한다. 선체 양쪽 끝의 밑판들은 겹쳐서 리벳을 박아 잇는 대신에 가장자리를 맞대어 용접했다. 이렇게 하면 선체의 형태가 더 매끄러워져서 물의 저항을 더 줄일 수 있다. 흘수선 위쪽으로는 선수가 부채꼴 모양으로 넓게 펼쳐지면서, 작업실, 저장고, 선원용 선실과 3개의 닻을 올리고 내릴 양묘기를 설치할 공간을 만들었다.

선수재와 첫 수밀 격벽인 선수 격벽 사이의 용골 위에는 선수 피크 탱크라는 커다란 탱크가 자리했다. 이것과 비슷한 선미 피크 탱크에 바닷물을 채우면, 거친 바다에서 배가 앞뒤로 흔들리는 현상인 전후 동요(피칭)를 줄일 수 있었다.

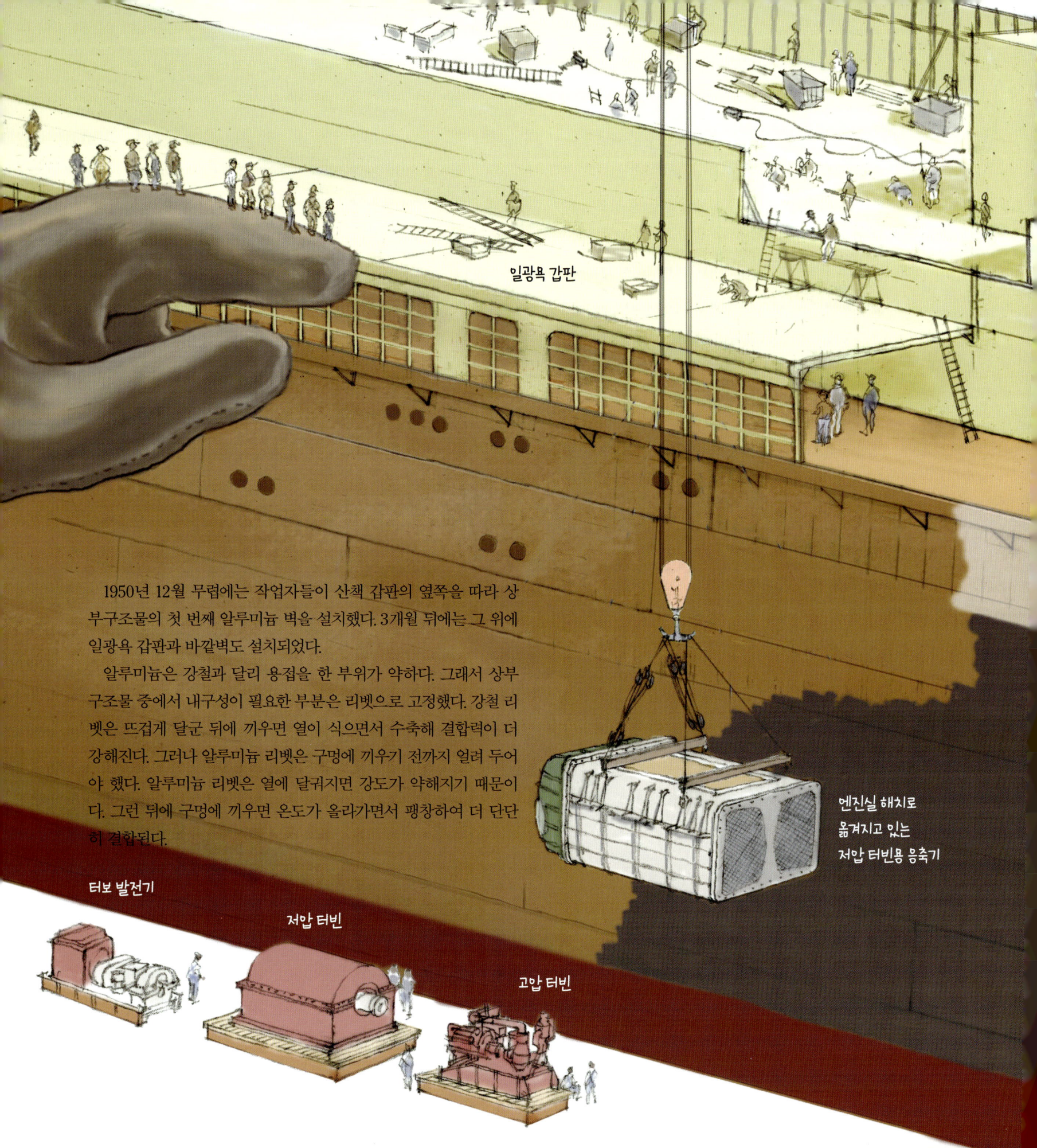

일광욕 갑판

1950년 12월 무렵에는 작업자들이 산책 갑판의 옆쪽을 따라 상부구조물의 첫 번째 알루미늄 벽을 설치했다. 3개월 뒤에는 그 위에 일광욕 갑판과 바깥벽도 설치되었다.

알루미늄은 강철과 달리 용접을 한 부위가 약하다. 그래서 상부구조물 중에서 내구성이 필요한 부분은 리벳으로 고정했다. 강철 리벳은 뜨겁게 달군 뒤에 끼우면 열이 식으면서 수축해 결합력이 더 강해진다. 그러나 알루미늄 리벳은 구멍에 끼우기 전까지 얼려 두어야 했다. 알루미늄 리벳은 열에 달궈지면 강도가 약해지기 때문이다. 그런 뒤에 구멍에 끼우면 온도가 올라가면서 팽창하여 더 단단히 결합된다.

엔진실 해치로 옮겨지고 있는 저압 터빈용 응축기

터보 발전기

저압 터빈

고압 터빈

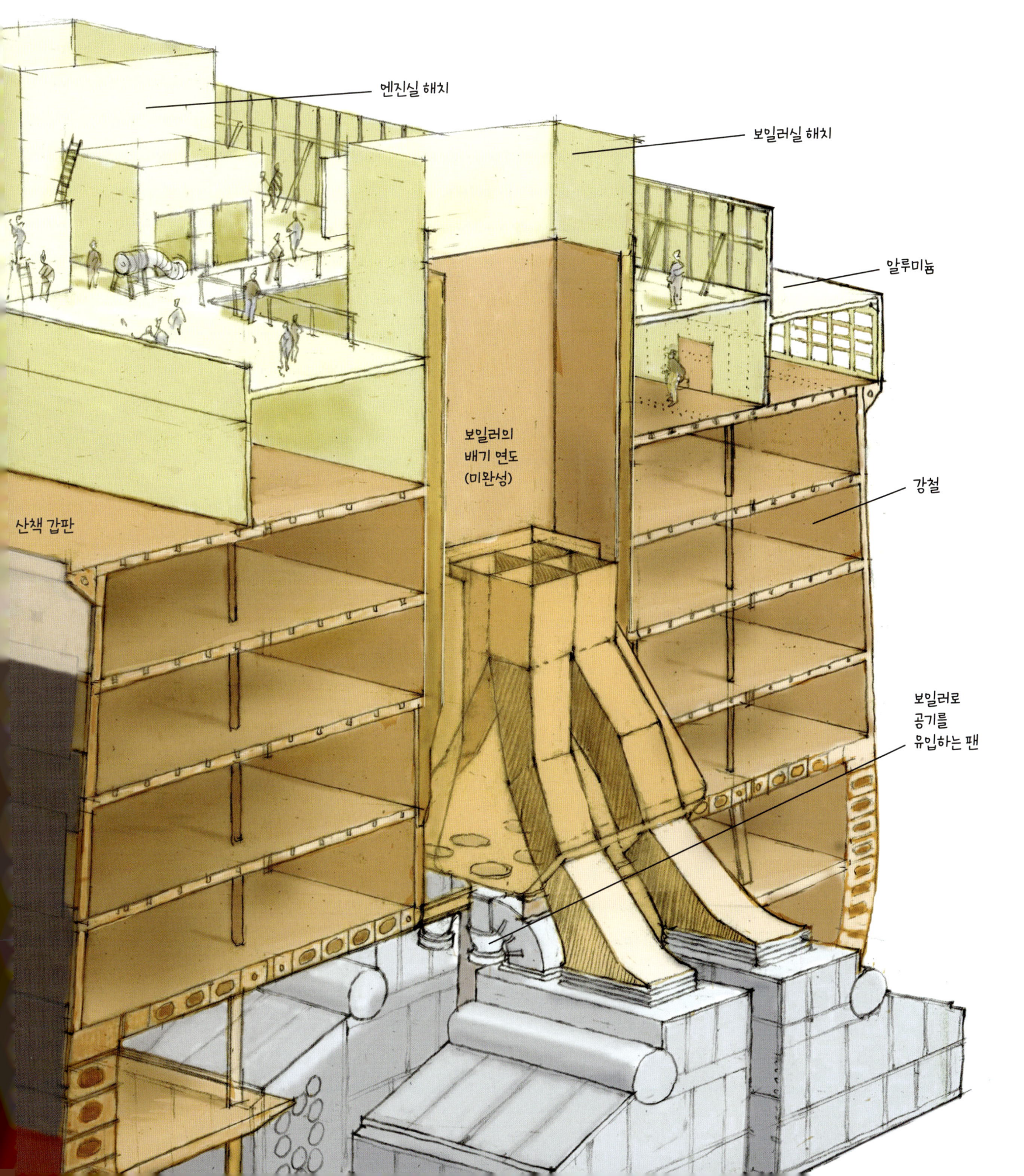

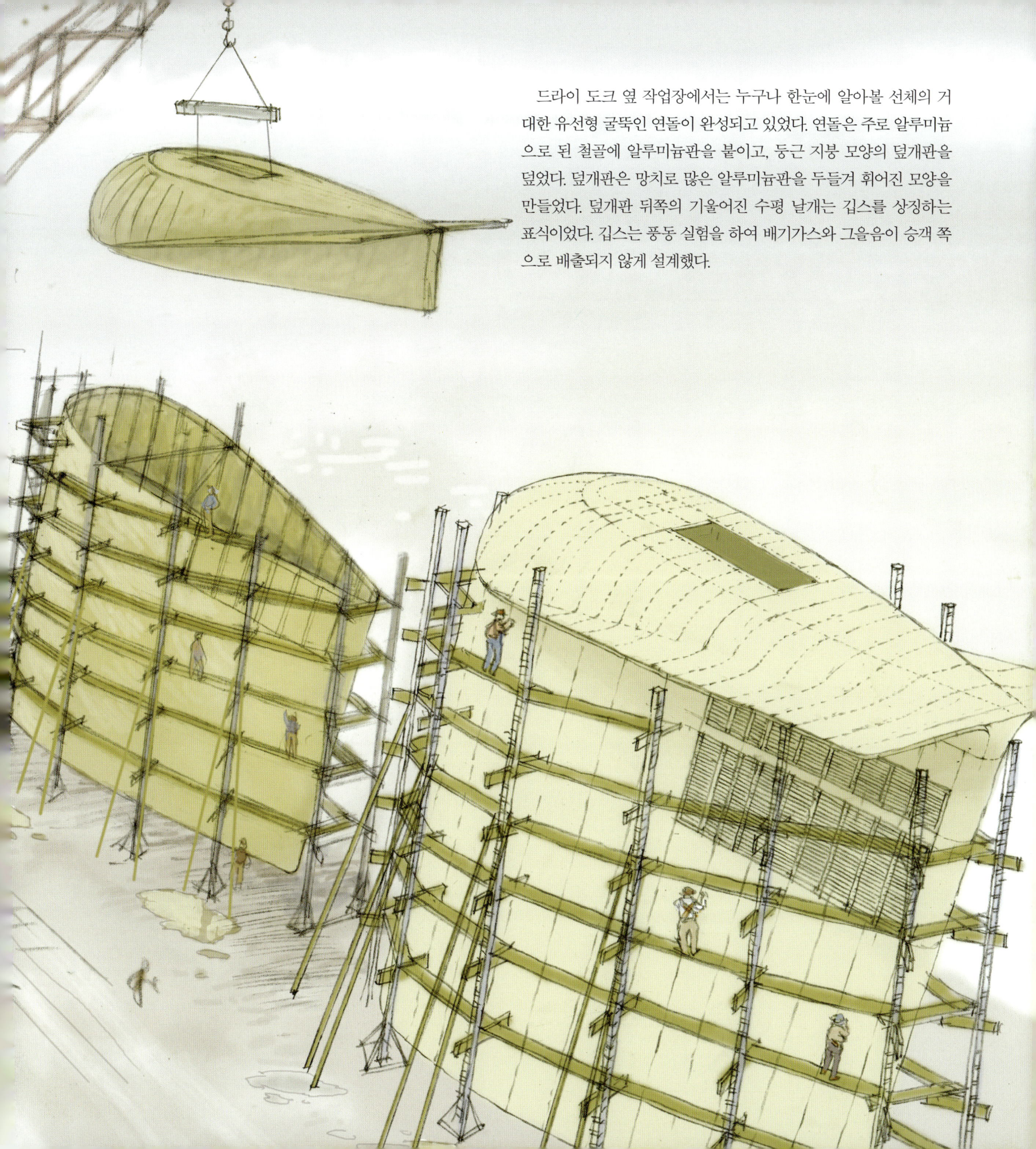

드라이 도크 옆 작업장에서는 누구나 한눈에 알아볼 선체의 거대한 유선형 굴뚝인 연돌이 완성되고 있었다. 연돌은 주로 알루미늄으로 된 철골에 알루미늄판을 붙이고, 둥근 지붕 모양의 덮개판을 덮었다. 덮개판은 망치로 많은 알루미늄판을 두들겨 휘어진 모양을 만들었다. 덮개판 뒤쪽의 기울어진 수평 날개는 깁스를 상징하는 표식이었다. 깁스는 풍동 실험을 하여 배기가스와 그을음이 승객 쪽으로 배출되지 않게 설계했다.

선체 아래의 드라이 도크 바닥 쪽에서는 작업자들이 프로펠러를 설치하고 있었다. 2대의 앞쪽 프로펠러는 회전 날개가 각각 4개, 뒤쪽 프로펠러들은 회전 날개가 각각 5개 달려 있었다. 물이 앞쪽의 프로펠러를 통과한 후 와류하는 물로부터 두 번째 프로펠러의 추진력을 좀 더 효율적으로 얻기 위해서였다.

프로펠러는 주물로 제작했다. 먼저 실물 크기의 나무 모형을 만든 다음 시멘트를 부어 주형을 떴다. 시멘트가 굳으면 나무를 제거한 뒤 빈 공간에 녹인 청동을 부었다. 완성된 주물을 공들여 깎고 갈아서 공동이 가장 적게 생기는 모양으로 만들었다. 공동은 프로펠러에 물이 빠르게 빨려 들어가면서 물의 압력이 낮아져 발생하는 공기 방울로서 프로펠러의 효율을 떨어뜨리거나 표면을 손상시키는 원인이었다.

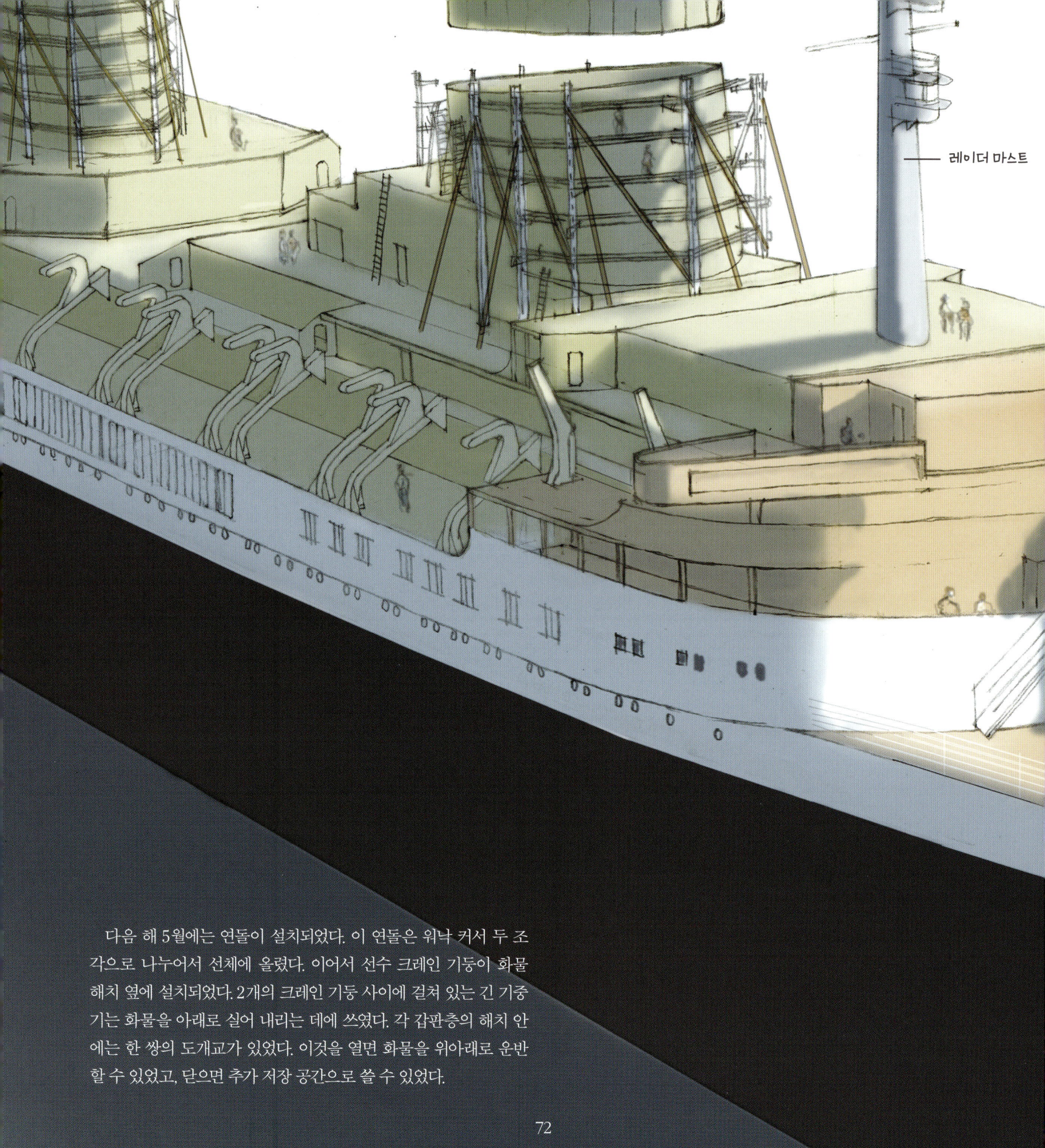

레이더 마스트

다음 해 5월에는 연돌이 설치되었다. 이 연돌은 워낙 커서 두 조각으로 나누어서 선체에 올렸다. 이어서 선수 크레인 기둥이 화물 해치 옆에 설치되었다. 2개의 크레인 기둥 사이에 걸쳐 있는 긴 기중기는 화물을 아래로 실어 내리는 데에 쓰였다. 각 갑판층의 해치 안에는 한 쌍의 도개교가 있었다. 이것을 열면 화물을 위아래로 운반할 수 있었고, 닫으면 추가 저장 공간으로 쓸 수 있었다.

배가 만들어지는 동안 선체 밑에 깔려 있던 목재 틀 중 상당수는 용골 받침목과 비슷한, 몇 개의 커다란 지지대로 대체되었다. 배가 기울어지지 않게 유지하면서 철판에 방오 도료를 칠하는 데에 방해가 되지 않도록 하기 위해서였다. 따개비 같은 작은 해양 생물들이 선체에 달라붙으면 배의 속도가 느려지는데, 이 방오 도료는 그런 생물들을 방지하는 용도였다. 선체의 선수 쪽에서부터 점점 좁아지는 선체 밑바닥의 만곡부를 따라 지지대를 더 세웠다. 지지대는 강철로 연결된 긴 목재 기둥이었다.

6월 셋째 주 무렵, 모든 지지대를 치우자 받침목만 배를 떠받치고 있었다.

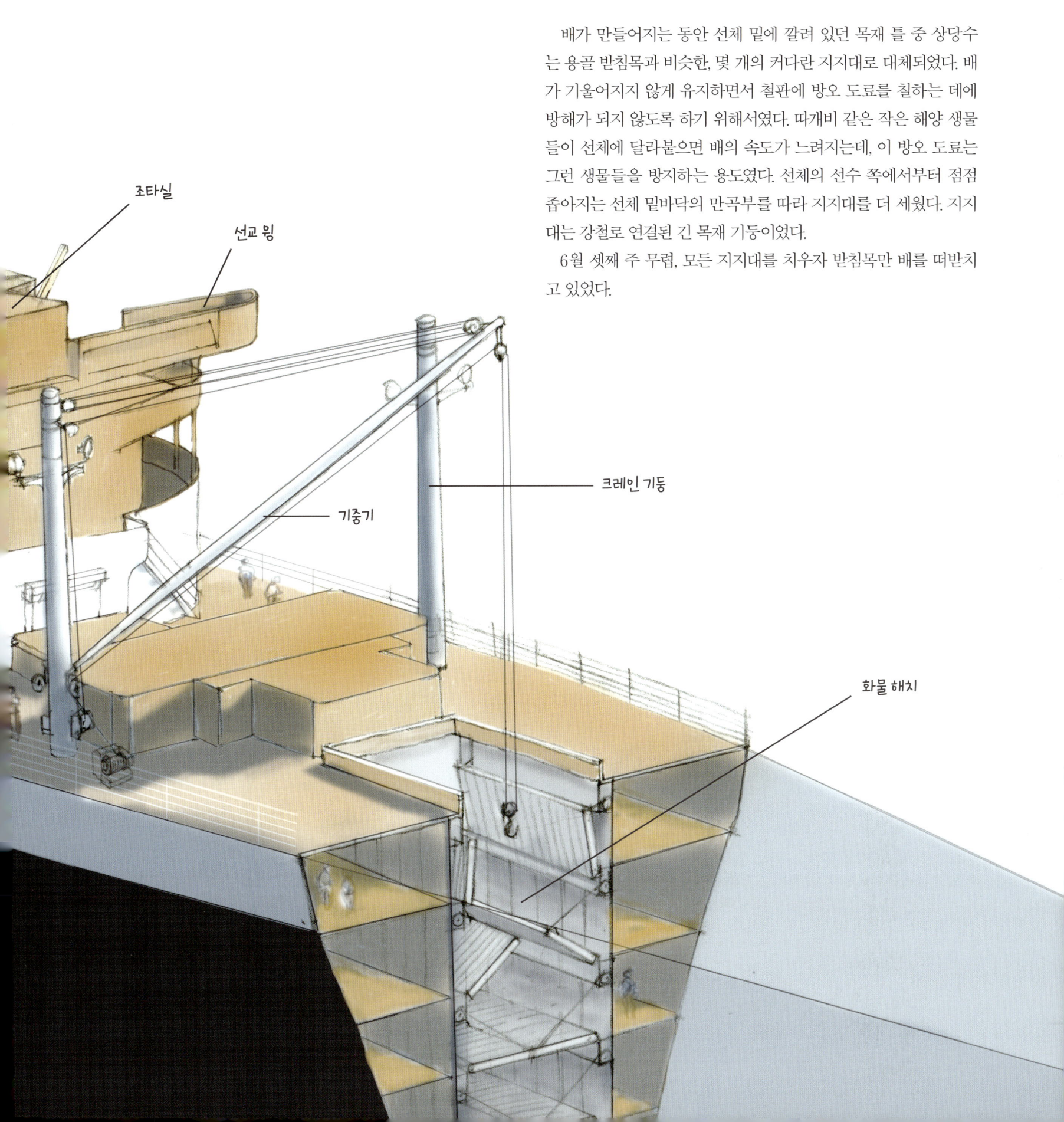

1951년 6월 22일 아침에 헐488호의 밑바닥을 최종 점검한 뒤 오후 4시 30분에 드라이 도크의 옆쪽 수문을 열었다. 윌리엄 프랜시스는 도크용 수문 꼭대기에서 자신의 걸작품에 제이슨강의 흙탕물이 철썩철썩 부딪히는 광경을 지켜보았다. 열두 시간 후, 이 배는 몇 개의 굵은 밧줄로 육지와 연결된 채 물에 떴다. 10번 드라이 도크 안의 수위가 강의 수위와 같아지면 도크용 수문을 안전하게 제거할 수 있었다. 드라이 도크 안에 든 물을 퍼내자 도크용 수문이 서서히 떠오르기 시작했다. 이윽고 18개월 동안 드라이 도크의 개구부를 막고 있던 도크용 수문이 떨어졌다. 2척의 예인선이 드라이 도크 바깥으로 배를 끌어냈다.

6월 23일 정오 무렵 뉴포트뉴스의 무더운 날씨에도 배의 진수식을 구경하기 위해 수천 명이 모여들었다. 깁스는 사람들의 시선을 끌기 싫어서 연단 위가 아니라 그 근처에 서 있었다. 전국에서 온갖 방송국의 카메라와 마이크가 몰려들었다. 이 배가 지역 사회를 넘어 미국의 자랑거리임을 뜻했다. 축사와 축하 연주에 이어 텍사스주 상원의원의 부인이 배의 선수에 샴페인 병을 던져 깨뜨리고, 이 배의 공식 명칭 '유나이티드 스테이츠호'가 공표되었다. 8척의 예인선이 실내 공사를 할 부두까지 배를 끌고 가는 동안에도 군중들은 깃발을 흔들어 대며 환호했다.

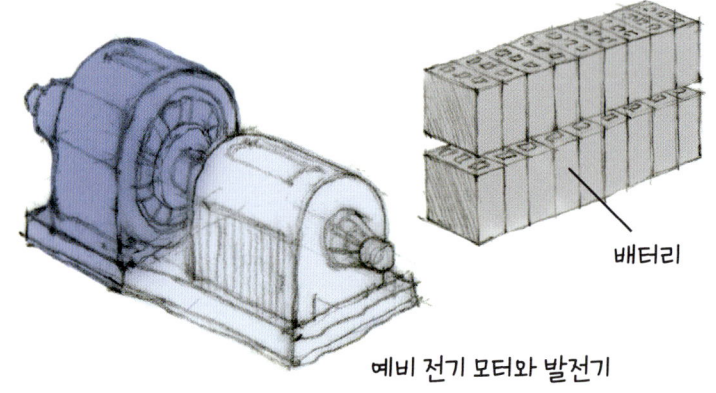

예비 전기 모터와 발전기

배터리

유나이티드 스테이츠호는 가장 빠른 여객선이면서 가장 안전한 배여야 했다. 깁스는 항해 중인 배에서 화재가 일어나는 상황을 특히 우려했다. 그래서 승객의 소지품을 제외한 배의 거의 모든 것들을 불연성 재료로 만들었다. 그랜드피아노 2대와 주방의 도마 몇 개만이 배에 있는 유일한 목재였다. 한 곳에서 일어난 불이 전체로 번지는 것을 막기 위해, 배를 방화 구획으로 나누었다. 각 방화 구획은 난연성 재질로 마감된 격벽으로 둘러싸여 있었다. 모든 갑판마다 소화기와 소화 호스, 물이 필요한 곳 어디로든 뿜을 수 있는 특수 펌프도 설치했다.

선상 생활은 주로 엔진실과 보일러실에 있는 6대의 증기 발전기에서 생산되는 전기에 의존했다. 증기 발전기가 어떤 이유로든 고장 나면, 상갑판에 있는 2대의 비상용 디젤 발전기가 자동으로 전력을 공급했다. 이 비상용 발전기가 작동되면, 배터리로 구동하는 전기 모터가 2대의 소형 발전기를 돌려서 조명과 방송 설비를 정상으로 가동했다.

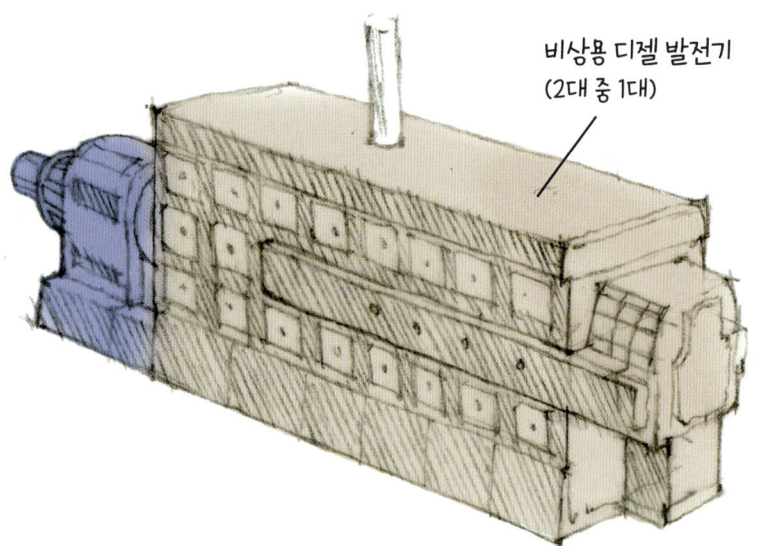

비상용 디젤 발전기 (2대 중 1대)

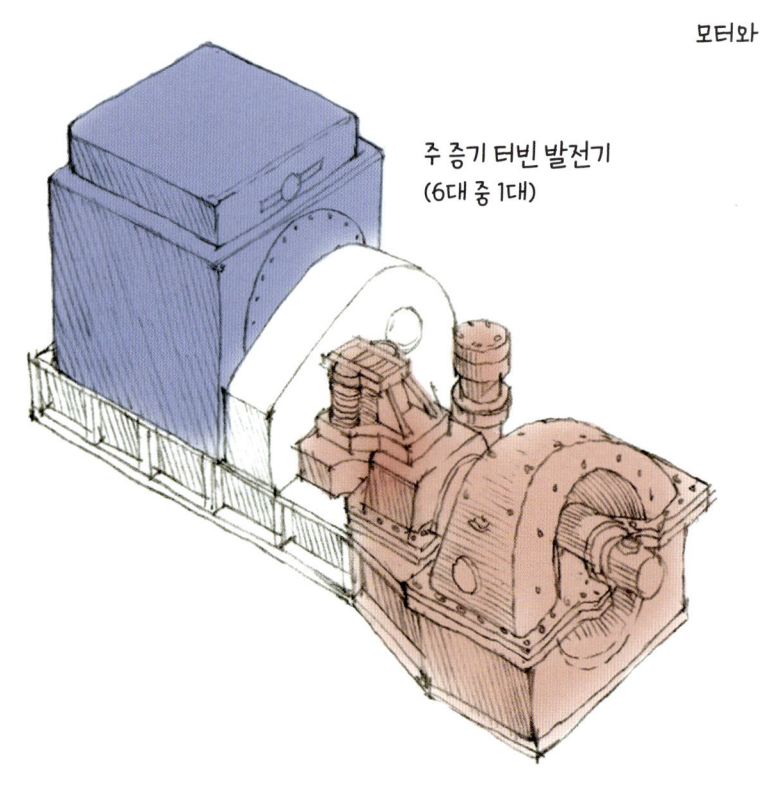

주 증기 터빈 발전기 (6대 중 1대)

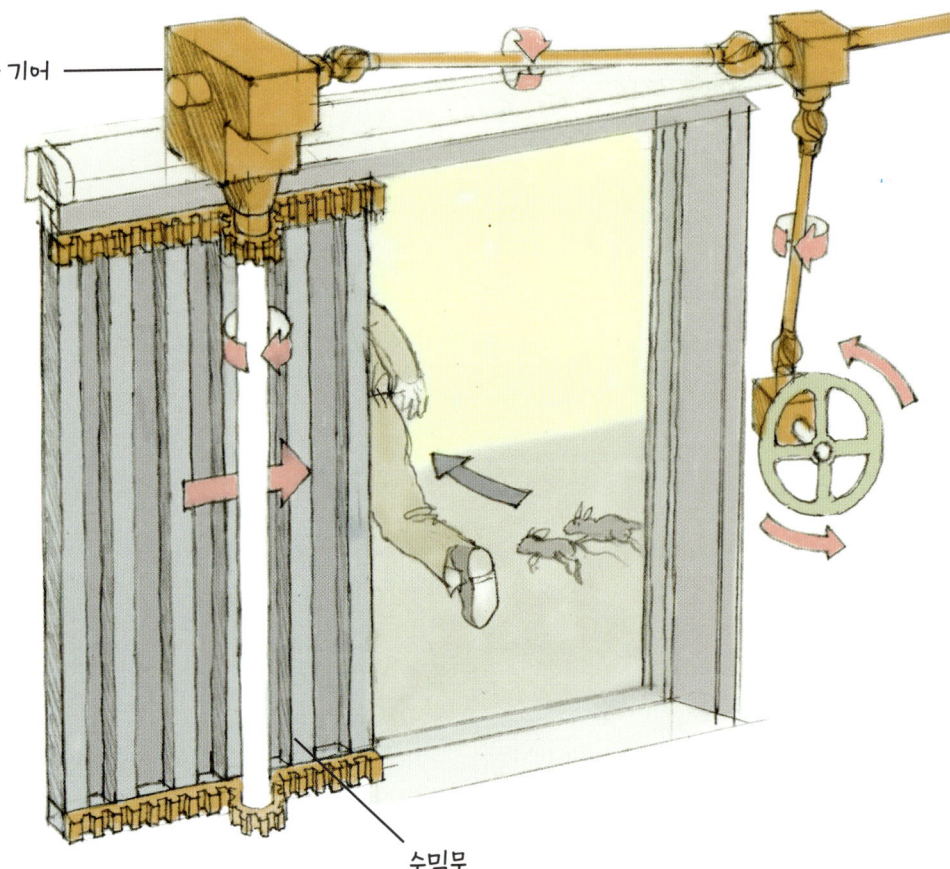

모터와 기어

수밀문

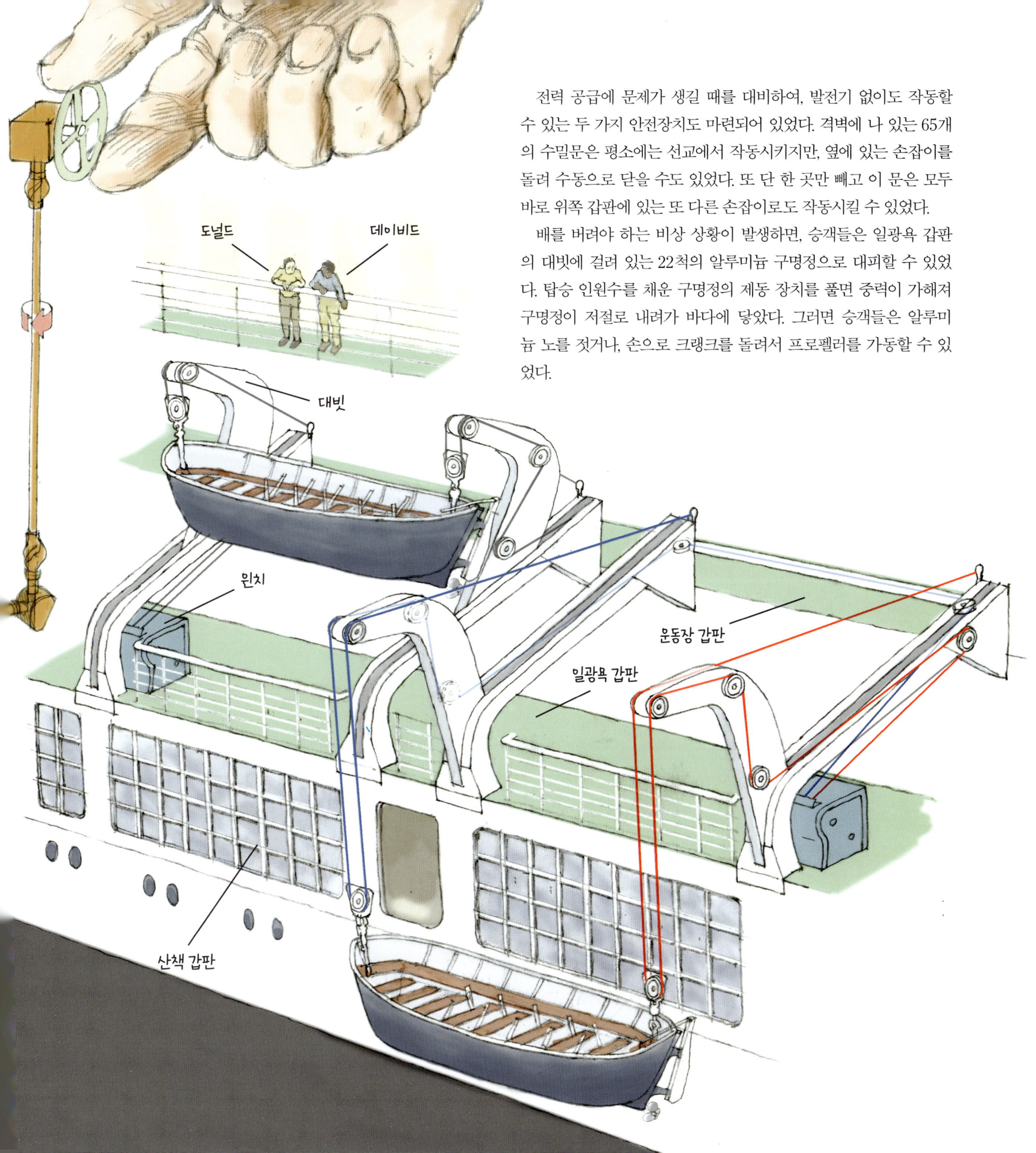

전력 공급에 문제가 생길 때를 대비하여, 발전기 없이도 작동할 수 있는 두 가지 안전장치도 마련되어 있었다. 격벽에 나 있는 65개의 수밀문은 평소에는 선교에서 작동시키지만, 옆에 있는 손잡이를 돌려 수동으로 닫을 수도 있었다. 또 단 한 곳만 빼고 이 문은 모두 바로 위쪽 갑판에 있는 또 다른 손잡이로도 작동시킬 수 있었다.

배를 버려야 하는 비상 상황이 발생하면, 승객들은 일광욕 갑판의 대빗에 걸려 있는 22척의 알루미늄 구명정으로 대피할 수 있었다. 탑승 인원수를 채운 구명정의 제동 장치를 풀면 중력이 가해져 구명정이 저절로 내려가 바다에 닿았다. 그러면 승객들은 알루미늄 노를 젓거나, 손으로 크랭크를 돌려서 프로펠러를 가동할 수 있었다.

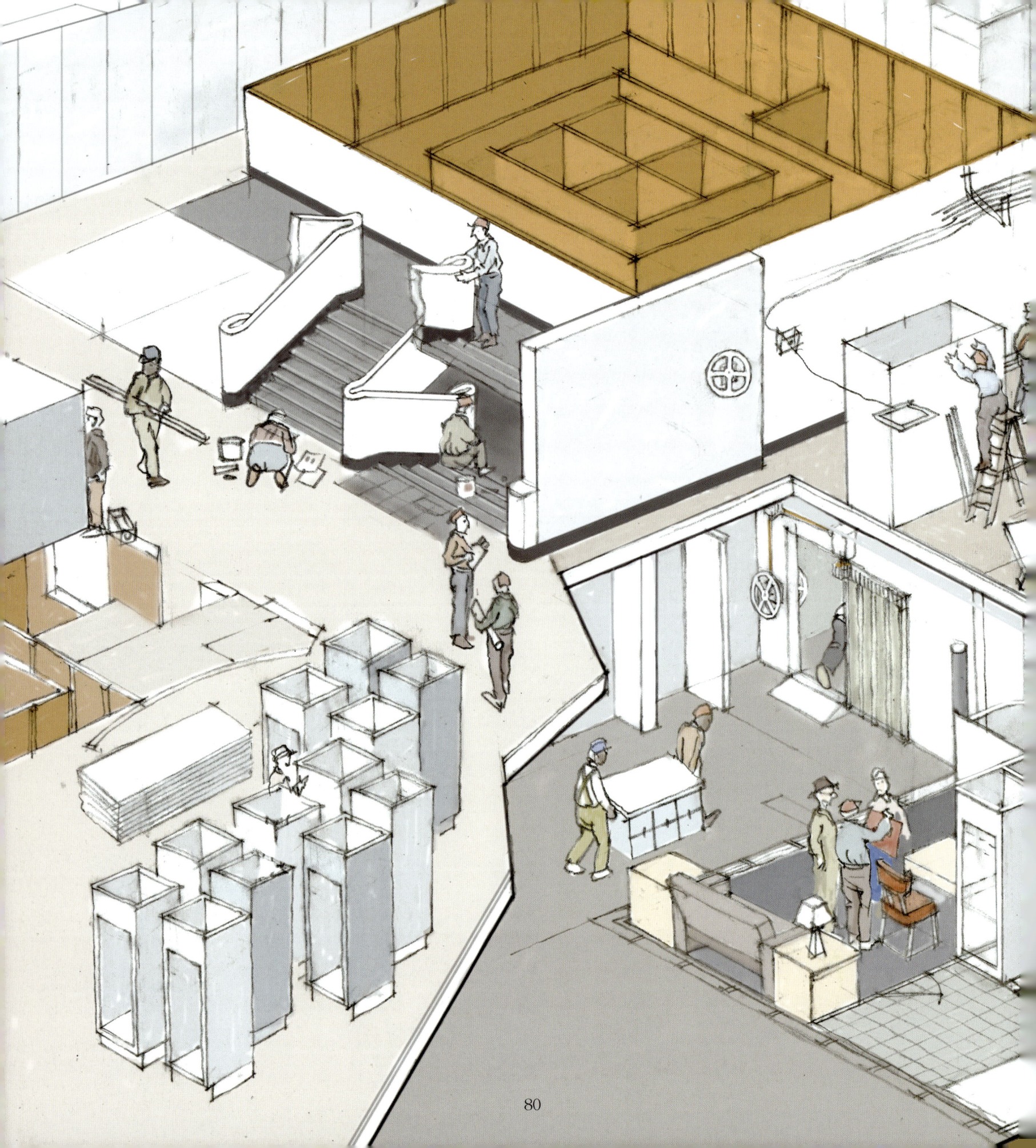

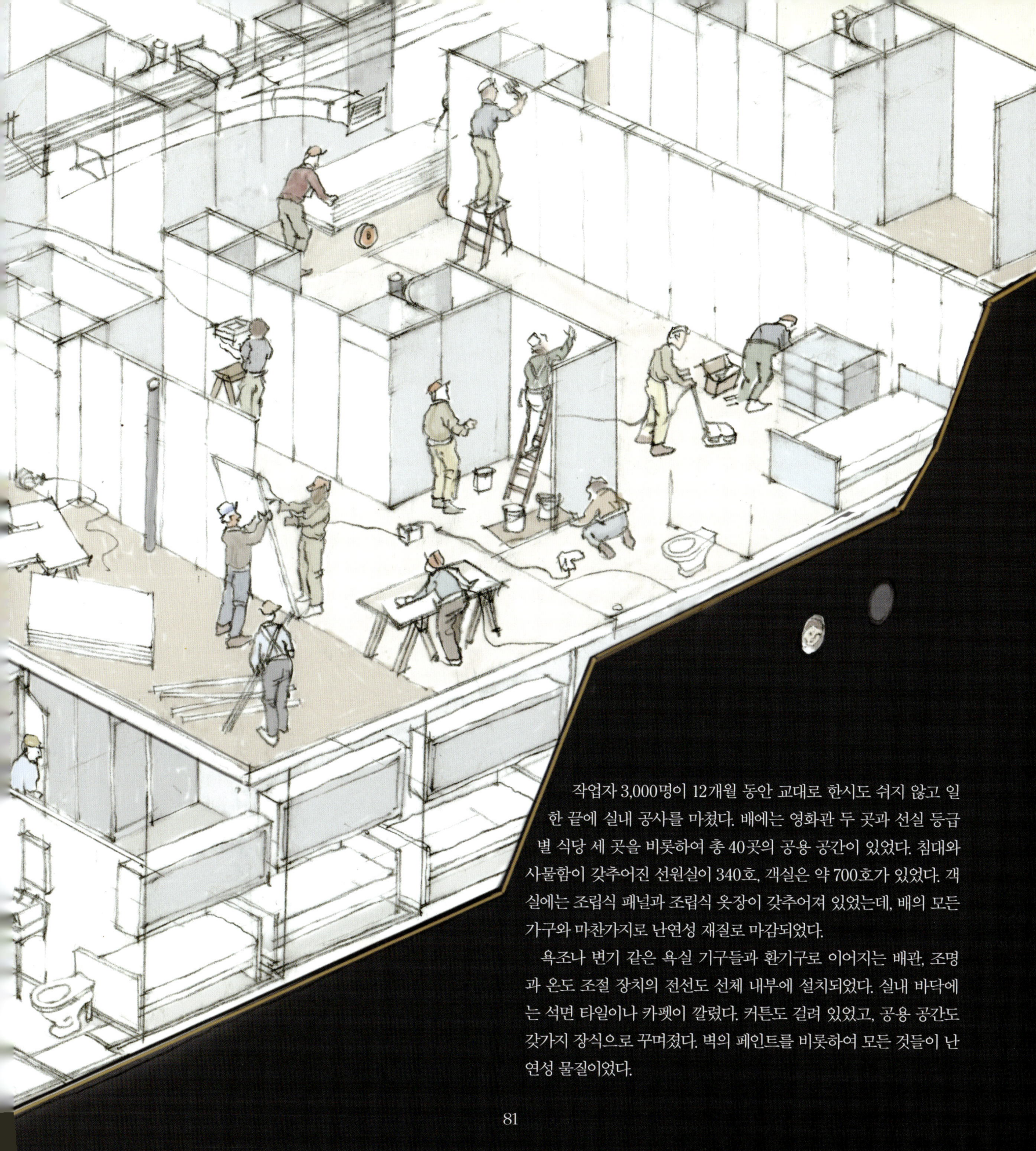

작업자 3,000명이 12개월 동안 교대로 한시도 쉬지 않고 일한 끝에 실내 공사를 마쳤다. 배에는 영화관 두 곳과 선실 등급별 식당 세 곳을 비롯하여 총 40곳의 공용 공간이 있었다. 침대와 사물함이 갖추어진 선원실이 340호, 객실은 약 700호가 있었다. 객실에는 조립식 패널과 조립식 옷장이 갖추어져 있었는데, 배의 모든 가구와 마찬가지로 난연성 재질로 마감되었다.

욕조나 변기 같은 욕실 기구들과 환기구로 이어지는 배관, 조명과 온도 조절 장치의 전선도 선체 내부에 설치되었다. 실내 바닥에는 석면 타일이나 카펫이 깔렸다. 커튼도 걸려 있었고, 공용 공간도 갖가지 장식으로 꾸며졌다. 벽의 페인트를 비롯하여 모든 것들이 난연성 물질이었다.

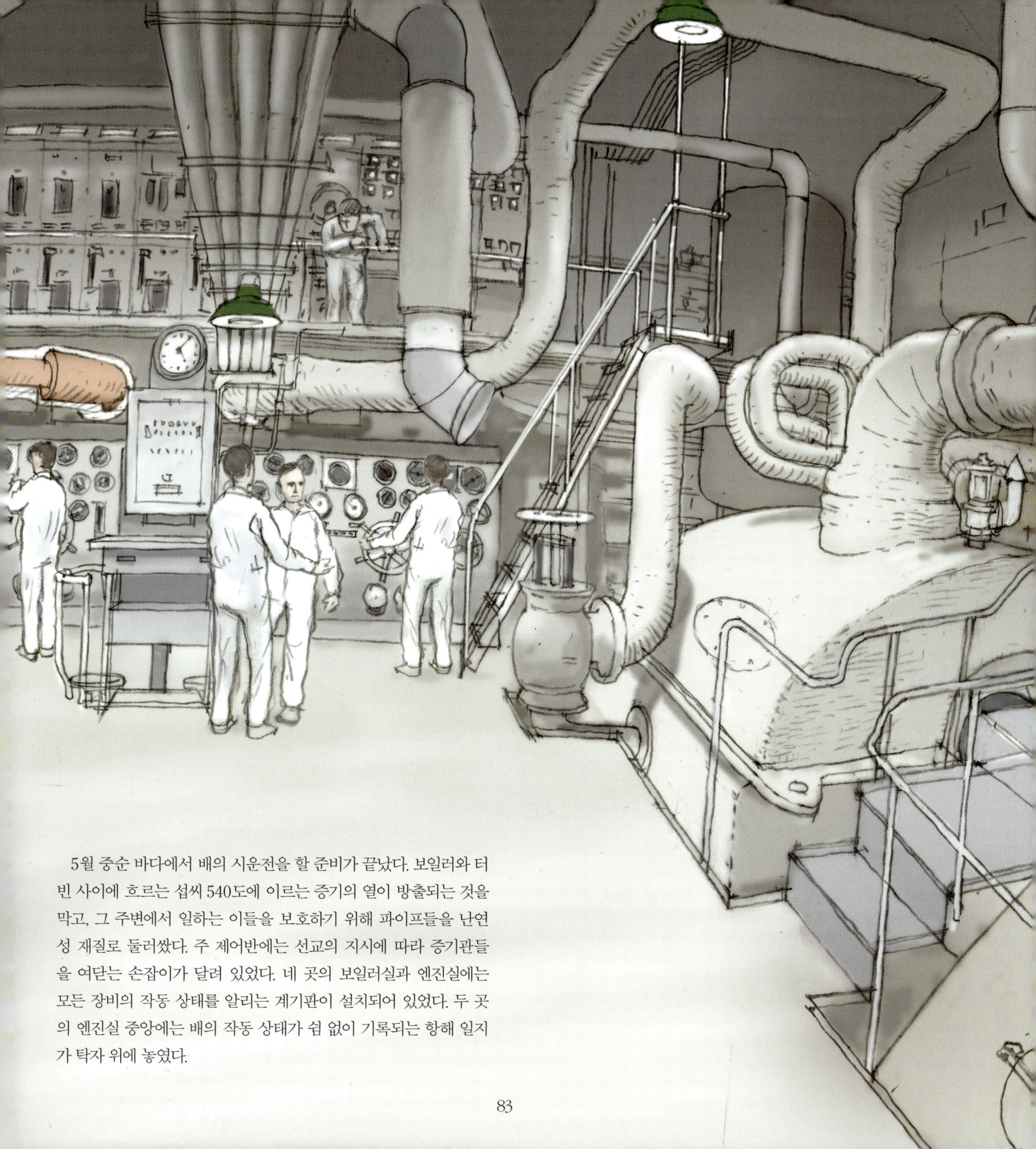

5월 중순 바다에서 배의 시운전을 할 준비가 끝났다. 보일러와 터빈 사이에 흐르는 섭씨 540도에 이르는 증기의 열이 방출되는 것을 막고, 그 주변에서 일하는 이들을 보호하기 위해 파이프들을 난연성 재질로 둘러쌌다. 주 제어반에는 선교의 지시에 따라 증기관들을 여닫는 손잡이가 달려 있었다. 네 곳의 보일러실과 엔진실에는 모든 장비의 작동 상태를 알리는 계기판이 설치되어 있었다. 두 곳의 엔진실 중앙에는 배의 작동 상태가 쉼 없이 기록되는 항해 일지가 탁자 위에 놓였다.

첫 번째 시운전은 배의 속도뿐 아니라, 선교와 엔진실이 상호 연동되는지를 건조자인 조선소가 자체 조사하는 것이었다. 버지니아 해안에서 약 160킬로미터 떨어진 해상에서 배를 8킬로미터 정도 시운전했다. 이 배는 거친 풍랑에도 퀸 메리호의 기록을 넘어서는 속도에 쉽게 도달했다. 그러나 시속 64킬로미터에 다다랐을 무렵 두 감속기 중 한 곳의 윤활유가 과열되고 있다는 표시가 계기판에 떴다. 선장은 감속기 손상을 방지하기 위해 기술자들에게 터빈으로 들어가는 증기를 줄이라고 지시한 뒤 항구로 배를 몰았다.

3주 뒤, 유나이티드 스테이츠호는 인수자가 실시하는 두 번째 항해 시운전을 하러 바다로 향했다. 이번에는 배를 전속력으로 항진하다가 갑자기 터빈을 역회전할 때 정지하기까지 시간이 얼마나 걸리는지 쟀다. 이 시험은 배가 부서지는지 알아보려는 것이기도 했다. 추진 장치는 엄청난 압박을 받았지만, 장비는 흠잡을 데 없이 온전했다. 이번에는 반대 방향으로 시험을 되풀이했다. 즉 전속력으로 후진하다가 갑자기 방향을 바꾸어 전속력으로 전진했다.

깁스의 걸작품은 두 번의 시운전을 문제없이 통과한 뒤, 뉴포트뉴스로 돌아와 남은 작업을 마무리했다. 이 배는 6월 21일 뉴욕에서 900명의 선원을 모두 태우고 동쪽으로 첫 항해를 나설 예정이었다.

나침함: 배의 나침반을 보관하는 곳이다.

레이더 화면: 레이더 마스트가 보내는 정보를 표시한다.

두 타륜 모두 방향타를 돌리는 데에 사용한다.

오른쪽 타륜은 자동 조타 장치이다.

1952년 7월 3일 정오가 되자 예인선이 뉴욕의 86번 부두에서 유나이티드 스테이츠호를 허드슨강으로 끌고 들어갔다. 승객 1,660명 중에는 윌리엄 깁스 부부도 있었다. 프레더릭 깁슨은 평소처럼 사무실을 지키기로 했다. 이 거대한 배는 오후 2시 20분 무렵에 뉴욕항을 대표하는 등대선 앰브로즈호를 지나며, 횡단 기록을 측정하는 공식 출발선을 끊었다. 배는 출발한 지 3일하고도 10시간 40분 만에 영국 해협의 입구에 있는 결승선 비숍록을 지났다. 유나이티드 스테이츠호의 평균 속도는 시속 66킬로미터였다. 반면에 퀸 메리호의 최고 평균 속도는 시속 59킬로미터 정도였다. 선체의 흘수선 근처에 떨어져 나간 검은 페인트 조각은 북대서양의 항해 여건이 그리 좋지 않았음에도 유나이티드 스테이츠호가 엄청난 속도를 냈다는 증거였다.

운동장 갑판

- 18 일등석 아동실 225
- 19 이동장 두는 곳 - 개를 잃어 버리셨나요? 164
- 20 승강기 통로 뒤쪽에 있는 사진 인화용 암실 149
- 21 무선 통신실 135
- 22 항해사 휴게실 122
- 23 선장실 98
- 24 항해사 산책 갑판 92

일광욕 갑판

- 25 고무보트가 있는 업무용 갑판 280
- 26 엔지니어용 승강기 235
- 27 일등석 전용실 225
- 28 대피 훈련 중인 헨더슨 구명정 215
- 29 연회실 돔(밀항자가 있을지도) 165

산책 갑판

- 30 선미 비상 조타대 327
- 31 일등석/이등석 극장 255
- 32 일등석 산책 갑판 210
- 33 식품용 승강기 199
- 34 일등석 무도회장과 교향악단 165
- 35 일등석 휴게실(삼등석 극장을 감싸고 있음) 129
- 36 삼등석 극장 120
- 37 삼등석 휴게실(독서실이 따로 있음) 98
- 38 기중기 작업대 75
- 39 산책 갑판에서 탱크 톱으로 내려가는 사다리(양손으로 꽉 잡아야 함) 87, 61

상갑판

- 40 이등석 노천 갑판과 운동 갑판 355
- 41 이등석 차양 갑판 335
- 42 이등석 휴게실 310
- 43 신제품 상점(진짜) 281
- 44 일등석 전용실 255
- 45 주 전력 공급실 #2 186
- 46 고급 객실, 원저 공 부부가 선호한 일등석 전용실 178
- 47 삼등석 미용실 102
- 48 삼등석 아동실 97
- 49 선원실 45

미용실

수영장

유나이티드 스테이츠호는 대형 호텔 같은 시설을 갖추었다. 사용 시간은 서로 다르지만, 일등석과 이등석 승객들이 쓸 수 있는 수영장과 부속 체육관도 있었다. 객실 등급별로 주방도 하나씩 있었고, 식품을 저장할 공간도 많았다. 냉동고 중 하나는 서쪽으로 항해 중에 먹을 고기, 다른 하나는 동쪽으로 항해 중에 먹을 고기를 구분해 저장했다. 다만 배의 항해 방향과 상관없이 유대교 율법에 따라 준비한 코셔 고기는 따로 저장했다.

또한 객실 등급별로 휴게실, 흡연실, 독서실, 미용실, 이발소도 따로 있었다. 객실에는 전화기가 있었고, 주갑판에는 선내 및 장거리 통화를 연결하는 전화 교환대도 있었다. 객실 등급별로 아이들이 놀 수 있는 방도 따로 있었고, 승객들이 데려온 개나 고양이 같은 반려동물들이 지낼 공간도 따로 있었다.

일등석 아동실

선원 전용 주방

유나이티드 스테이츠호 내부 살펴보기

고물에서 이물까지 배를 세로로 절반 가른다고 상상해 보자. 그 단면이 바로 아래에 보이는 측면도. 배의 선측 부분은 잘 보이지 않지만, 이 측면도보다 더 중요하다고 생각하는 구명정(24척 중 2척)을 작게나마 그려 넣었다. 또 산책 갑판과 바로 그 아래에 긴 유리로 된 갑판 일부와 병원, 무선 통신실, 호화로운 일등석 객실들도 하나씩 표현했다. 항해 중에는 배 안 어디에나 사람들이 늘 있으므로 어떤 일이든 생기기 마련이다. 그래서 선원들과 승객들의 선상 생활을 밤낮 구분 없이 적당히 그려 넣었다.

각각의 공간은 검은색 번호로 표시했고, 갑판별로 공간의 범위를 묶었다. 각각의 횡늑골 번호는 맨 아래쪽에 흰색으로 표시했다. 목록에 나온 곳이 어디인지 찾으려면, 맨 아래쪽에 적힌 흰색 횡늑골 번호와 검은색 번호를 참고하면 된다.

연돌
1. 감시창(잠수함 같은 위험 요인 탐지용) 150
2. 증기 경음기(앞쪽 연돌에 2개, 뒤쪽 연돌에 1개) 130
3. 배기가스 그을음 환기 장치 136
4. 엔지니어들의 근무복 빨랫줄 146
5. 무선 통신 안테나(연돌 사이) 155

레이더 마스트
6. 회전 레이더 반사기 107
7. 돛대 꼭대기의 조망대 107
8. 사다리 109
9. 악천후 시 사용하는 레이더 마스트 해치 106

항해 선교 갑판
10. 승강기 기계실 148
11. 비상용 디젤 발전기 142
12. 맑은 공기를 유입하는 환기 팬 129
13. 삼등석 노천 갑판 125
14. 삼등석 차양 갑판 122
15. B 갑판에서 항해 선교 갑판을 잇는 선원용 나선 계단 111
16. 해도실 102
17. 조타실 97

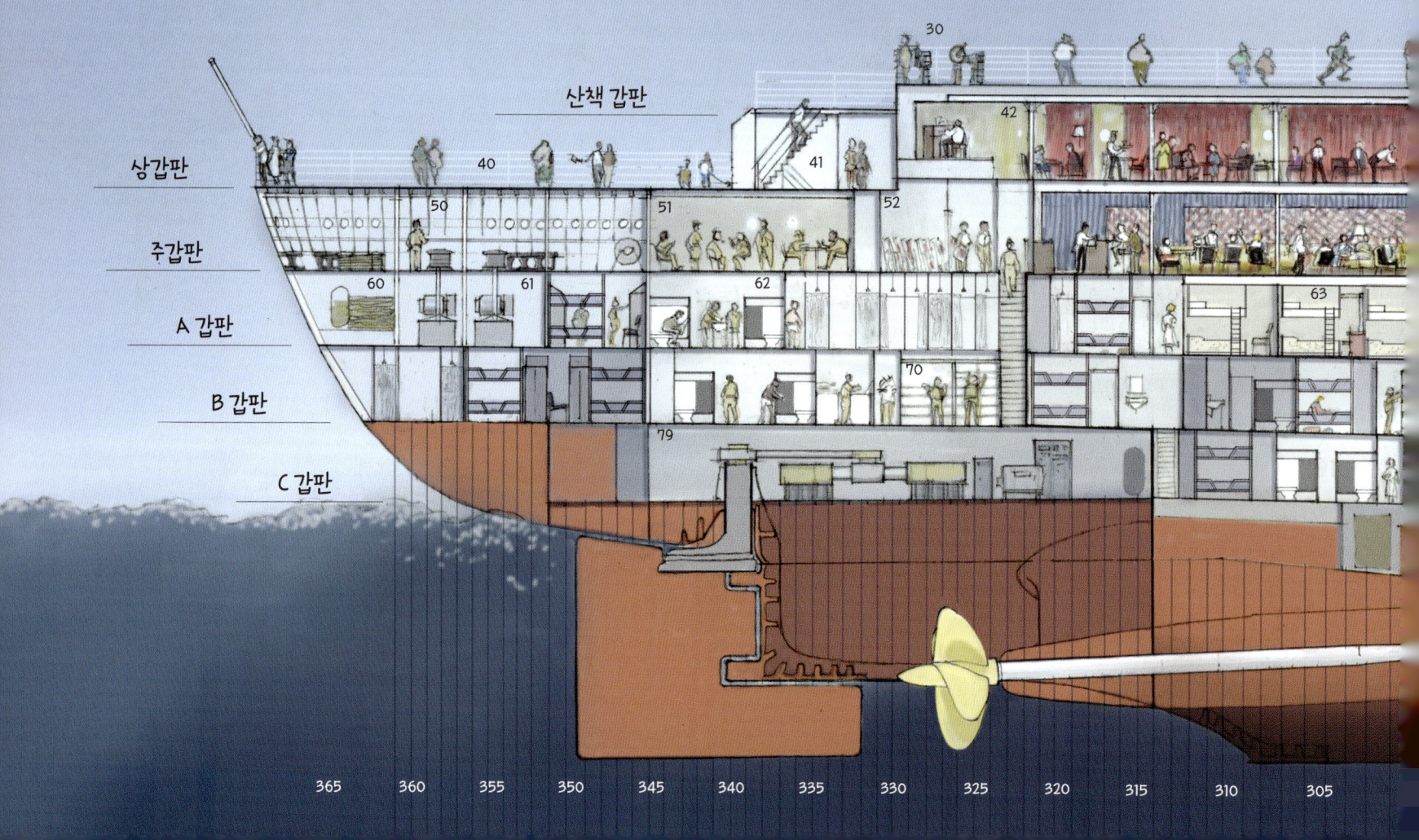

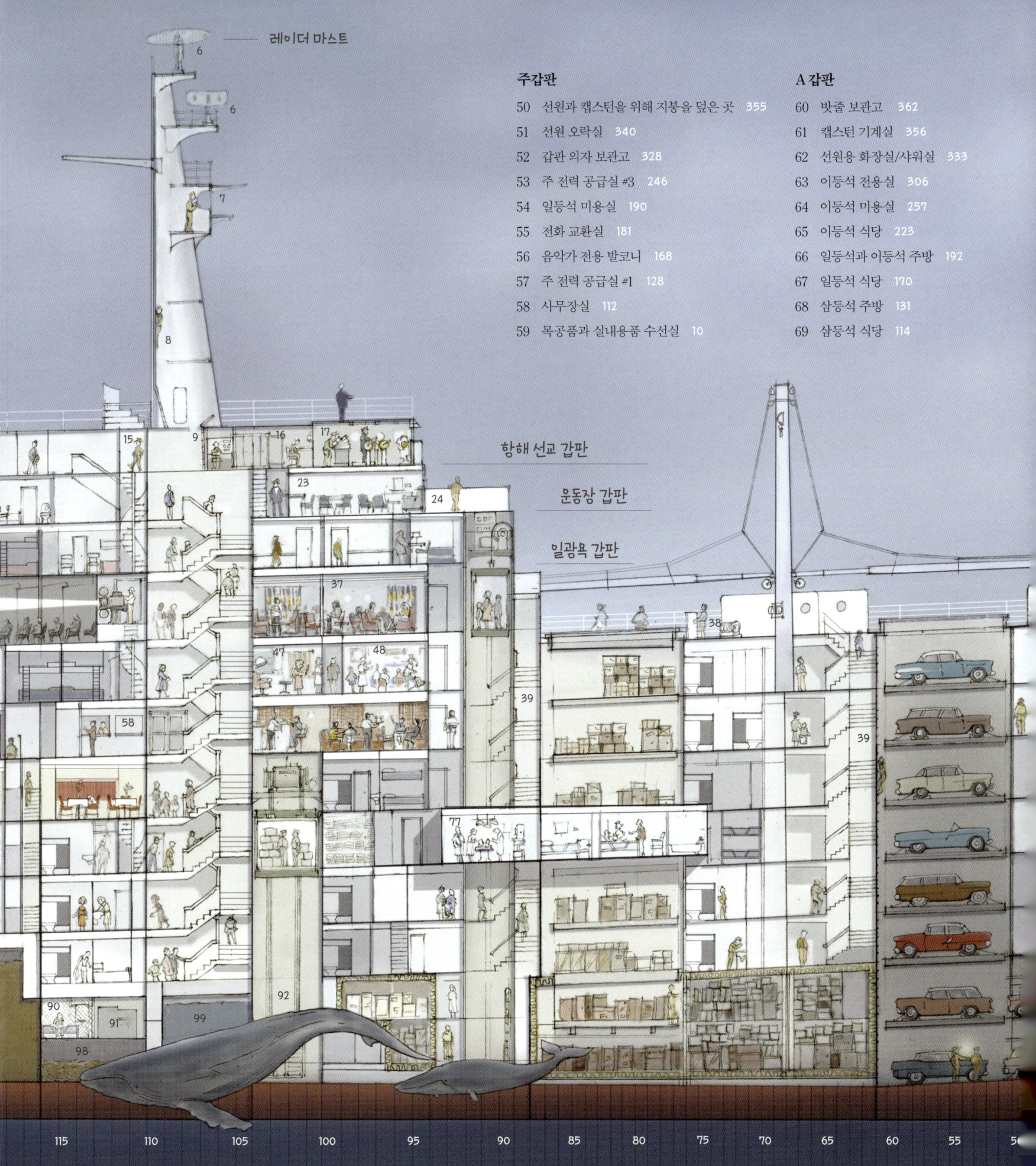

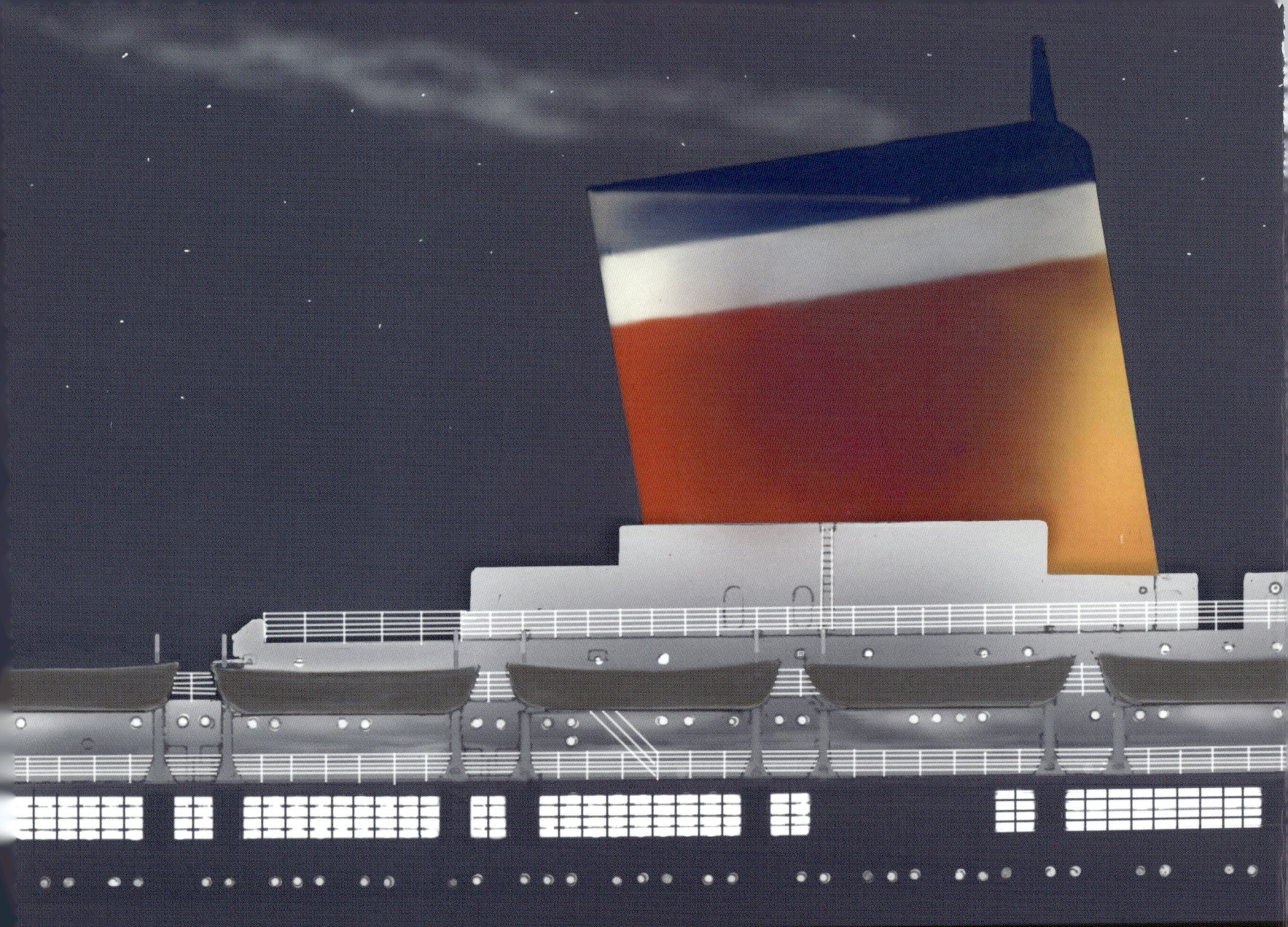

나흘 뒤, 유나이티드 스테이츠호는 항해하기가 더욱 힘든 서쪽 항로로 운항을 시작했다. 평균 시속 64킬로미터로, 당시 서쪽 항로의 평균 속도 기록을 깬 이 초대형 배는 결국 블루리본을 달게 되었다. 윌리엄 프랜시스가 거의 35년 동안 포기하지 않고 꿈꾸던 영예를 드디어 얻은 것이었다.

그때부터 5년 동안 이 배는 뉴욕시와 유럽을 117회 왕복 운항하며 38만 명이 넘는 수많은 승객을 태웠다. 그들 중에는 이민자, 화가, 작가, 공연진, 학생, 관광객, 사업가, 왕자, 공주, 황제 한 명, 오실롯 한 마리, 영화배우, 수많은 반려동물, 정치인 몇 명과 '모나리자'도 있었다. 해외 파견을 떠나는 육해공군 장교와 그 가족들도 배에 태웠다. 그러니까 이 초대형 여객선은 군역 의무를 다한 것이나 다름없었다.

1957년 9월 18일 유나이티드 스테이츠호는 뉴욕을 떠나 동쪽으로 118번째 운항을 시작했다. 이틀 뒤 배의 선원 중 한 명이 인근 해안 경비선이 보낸 조난 신호를 받았다. 경비선에 탄 기술자가 부상을 입어 응급 처치가 필요하다는 내용이었다. 배의 선장이자 준장이었던 앤더슨은 그 즉시 배의 방향을 경비선 쪽으로 돌렸다. 다친 기술자는 구명정에서 B 갑판의 화물 문으로 끌어 올려져 수술실로 옮겨졌다. 유나이티드 스테이츠호는 곧 원래 항로대로 운항을 이어 나갔다. 배가 서쪽 항로에서 출발하여 되돌아올 때에는 맹장 수술을 받은 승객도 한 명 더 타고 있었다.

B 갑판
- 70 리넨 용품 보관실(시트와 베개 덮개 3,000장!) 327
- 71 체육관(일등석과 이등석) 260
- 72 인쇄소 - 신문과 차림표 192
- 73 승무원 주방 175
- 74 승무원 식당 166
- 75 코셔 요리사 전용 숙소 124
- 76 늘 북쪽을 가리키는 자이로컴퍼스 (회전 나침반 2대 중 1대) 122
- 77 병원(수술실, 격리 입원실, 병실, 욕실) 74-93
- 78 체인 로커(닻줄 보관고) 21

C 갑판
- 79 조타실 330
- 80 등기우편물실 290
- 81 귀중품 보관소 (금괴 같은 귀중품을 보관하는 곳) 278
- 82 보조 기계실 (담수화 장치와 공기 조절 냉각기) 245
- 83 냉장실 182, 192
- 84 담배 보관실 187
- 85 육류 저장실 178
- 86 시신 안치소 172

D 갑판
- 87 정기우편물실 283
- 88 축로(추진축이 침수되지 않도록 둘러막아 생긴 공간) 171-204
- 89 축로 뒤쪽에 있는 이발소 190

E 갑판
- 90 구금실(창문 없는 방 2칸) 115
- 91 하수 배출 장치(하수를 모아서 바다로 버리는 장치 21개 중 1개) 112
- 92 수화물과 화물용 승강기 102

탱크톱
- 93 선미 엔진실 230
- 94 선미 보일러실 213
- 95 선수 엔진실 152
- 96 선수 보일러실 135
- 97 연료유 고정 탱크 121
- 98 슬롭 탱크(불순물이 섞인 연료유가 모이는 곳) 115
- 99 식수 탱크(4개 중 1개) 107
- 100 스쿠프(바닷물을 응축기로 보내는 장치) 143, 220

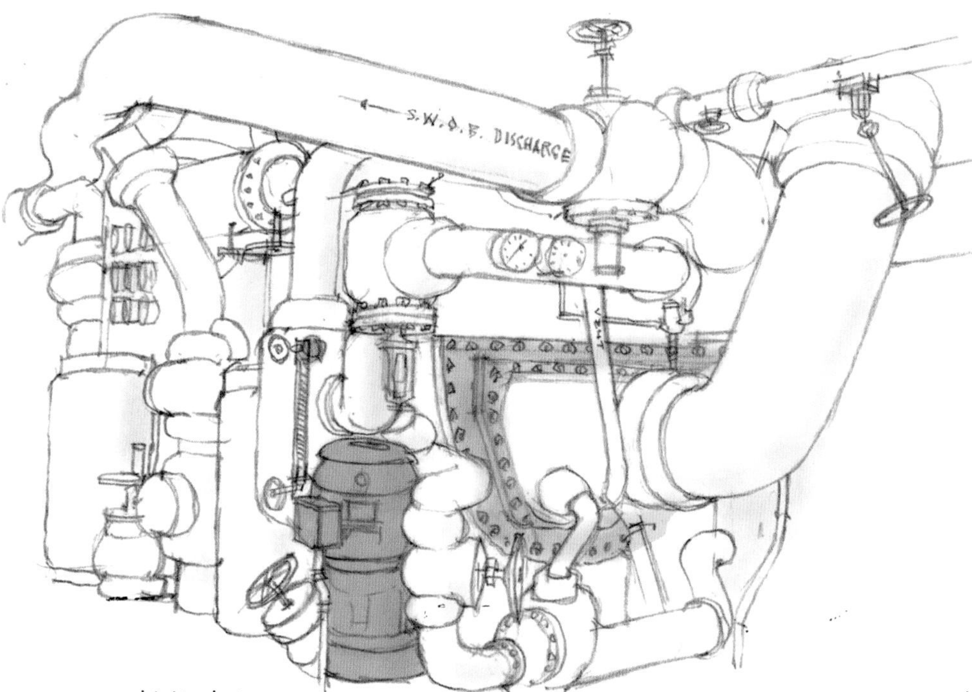

담수화 장치

전화 교환대

물 위의 거대한 호텔은 육지에서 멀리 떨어져 있으므로 완전히 자급자족해야 했다. 배 안에는 항해하는 동안 전보로 소식을 받아 매일 신문을 찍어 내는 인쇄소도 있었다. B 갑판에는 장비를 제대로 갖춘 수술실이 있는 병원도 있었다.

E 갑판의 냉동 화물칸에는 스테인리스 강철로 만들어 시신을 안치하는 공간도 있었다. 이곳에는 나무로 만든 7개의 관이 마련되어 있었다. 그리고 연료 탱크 뒤쪽에는 통제가 안 되는 사람을 가두는 구금실도 두 칸 있었다. 수술실, 시신 안치소, 구금실은 객실 등급에 상관없이 선착순으로 쓸 수 있었다.

시신 안치소

수술실

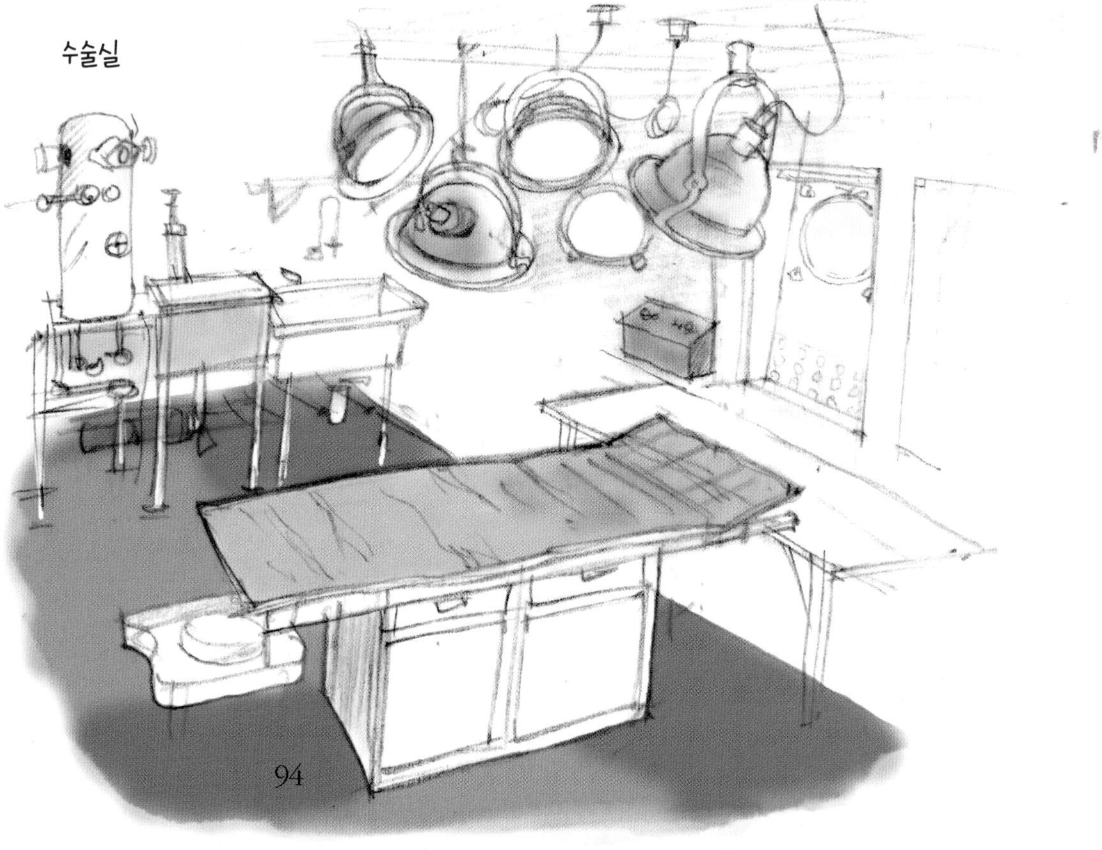

4

그다음 주 수요일, 런던의 워털루역에서 출발한 임항 열차(도시에서 항구까지 승객을 실어 나르는 기차)가 사우샘프턴의 거대한 터미널 중 한 정거장에 도착했다. 유나이티드 스테이츠호에서 응급 처치를 받고 고국으로 돌아가려는 기술자와 함께 배를 탈 승객들이 열차에서 우르르 내렸다. 그들 중에는 영국 볼턴에서 온 맥컬레이 가족도 있었다.

엄마와 누나, 동생 그리고 나는 짐을 들고, 여권과 비자를 한 번 더 검사받은 뒤 삼등석 승객들이 서 있는 줄에 섰다. 커다란 출입구가 열리자 줄을 선 승객들이 하나둘 앞으로 걸어 나갔다.

우리 눈앞에 우뚝 솟은 흑백의 벽이 좌우로 끝없이 펼쳐졌다. 그것은 바로 우리가 미국까지 타고 갈 배였다. 그렇게 어마어마하게 큰 배는 난생처음 보았다. 카펫이 끝나는 곳에서 가파른 경사로가 시작됐다. 그곳에 서 있던 해운 회사의 사진사는 우리가 이 배에 탑승한 사실을 증명해 줄 두 장의 사진 중 한 장을 이때 찍어 주었다.

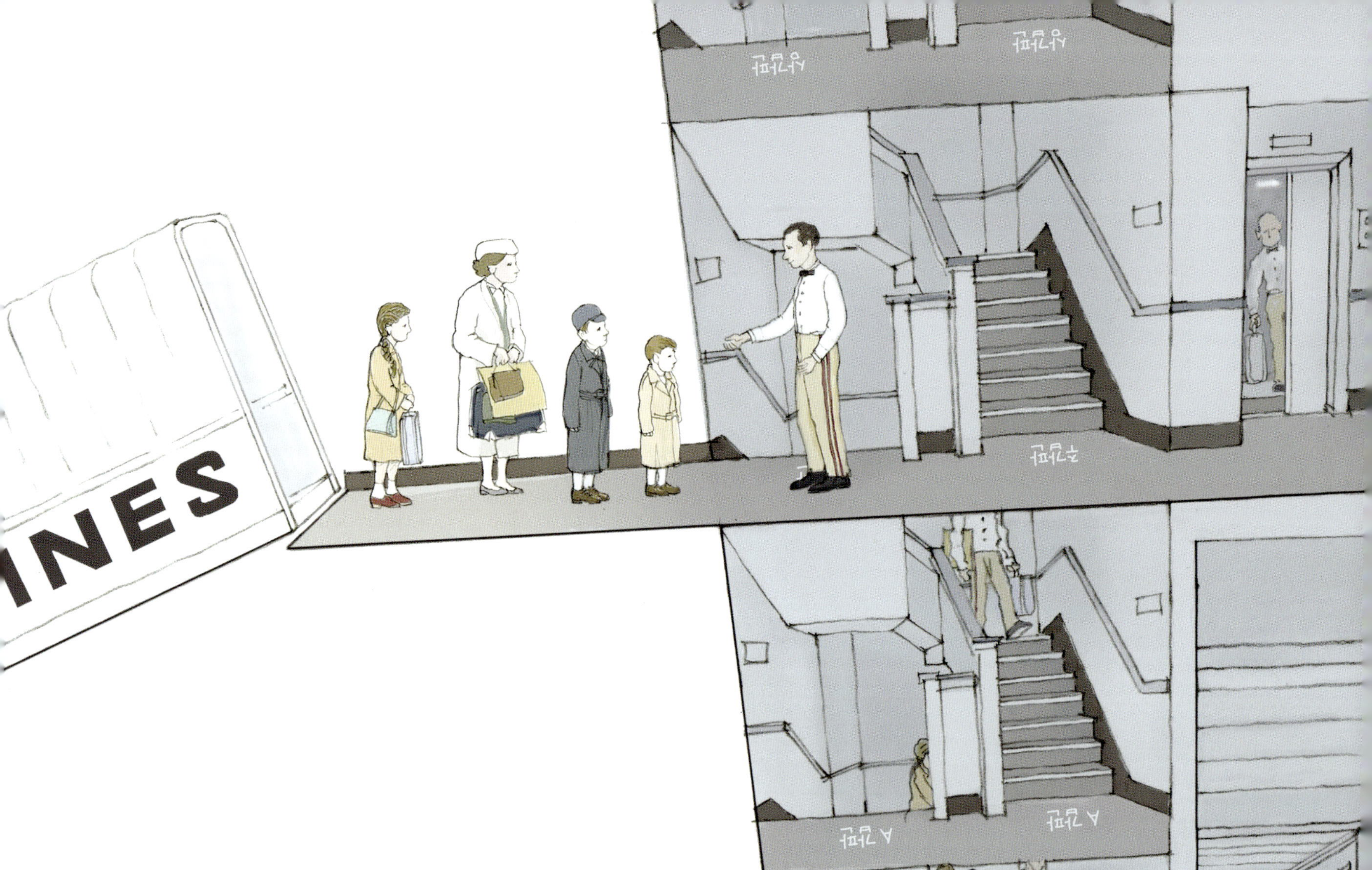

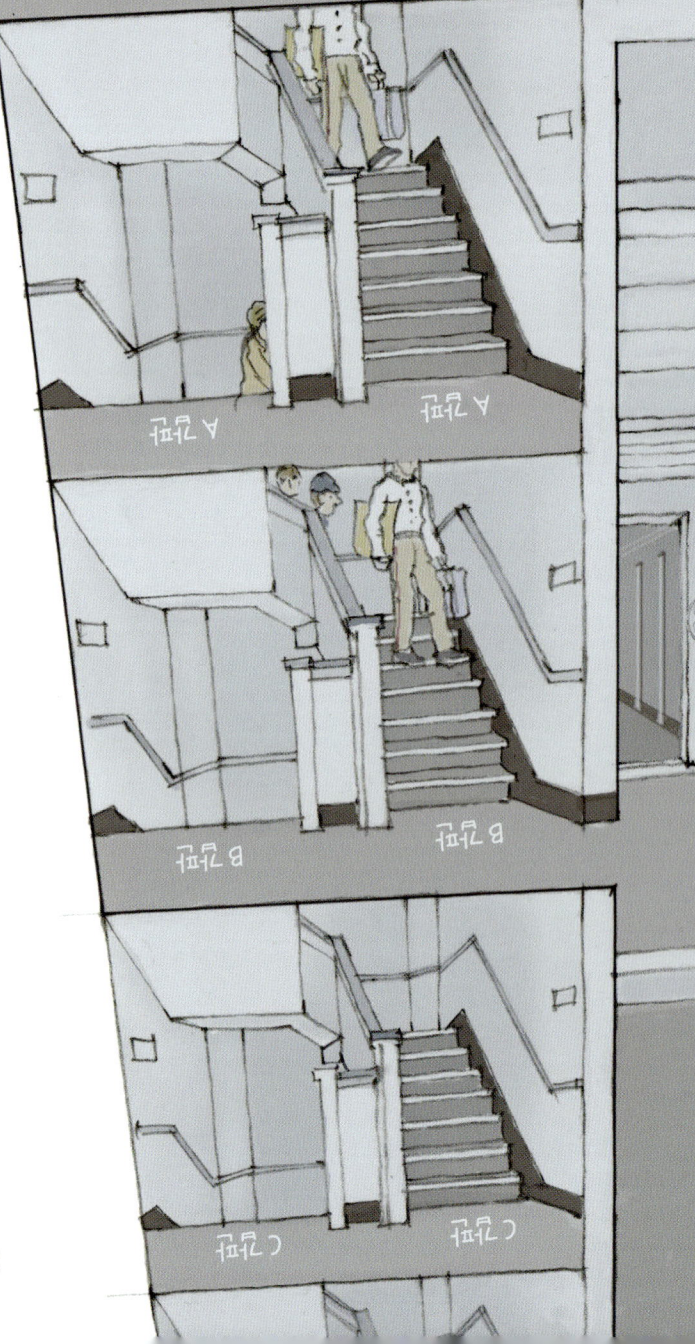

경사로 위쪽에서 한 안내원이 우리를 계단으로 안내했다. 바닥에는 '주갑판'이라는 글자가 새겨져 있었다. 우리는 그를 따라 B 갑판이 적힌 곳까지 내려가 문들이 죽 이어지는 복도를 걸었다. 안내원이 도중에 화장실과 샤워실 위치를 우리에게 알려 주었다. 화장실은 잘 알고 있었지만, 샤워실은 처음이었다.

이윽고 우리 가족이 쓸 객실이 나왔다. 객실 번호는 B-105호였다. 우리가 갖고 있는 승선권과 객실 문에 전용실이라고 적혀 있어서 내심 꽤 큰 방을 기대했다. 실제로는 이층 침대와 현창만 달랑 있을 뿐이었지만, 어린 나에게는 딱 맞는 방처럼 느껴졌다.

안내원은 우리 객실을 나서기 전에 작은 갑판 안내도를 펼치더니 우리 객실에서 가장 가까운 계단 통로와 승강기까지 선을 쭉 그어 주었다. 이 선을 따라 가면 식당이 나온다고 했다. 우리에게 다음 목적지가 생긴 것이다.

점심시간은 12시 15분부터였다. "아이가 있는 가족은 시작 시간에 맞춰서 오시기 바랍니다."라는 안내를 받았지만, 우리는 서두를 필요가 없었다. 몇 시간 전부터 대기하고 있었으니까 말이다. 우리는 갑판 안내도를 손에 쥐고서, 삼등석 식당 안으로 들어가 24번 식탁에 앉았다. 차림표에서 가장 낯익은 음식이 소시지여서 우리 모두 그것을 먼저 골랐다. 나는 그때 난생처음 볼로냐와 살라미를 맛보았다.

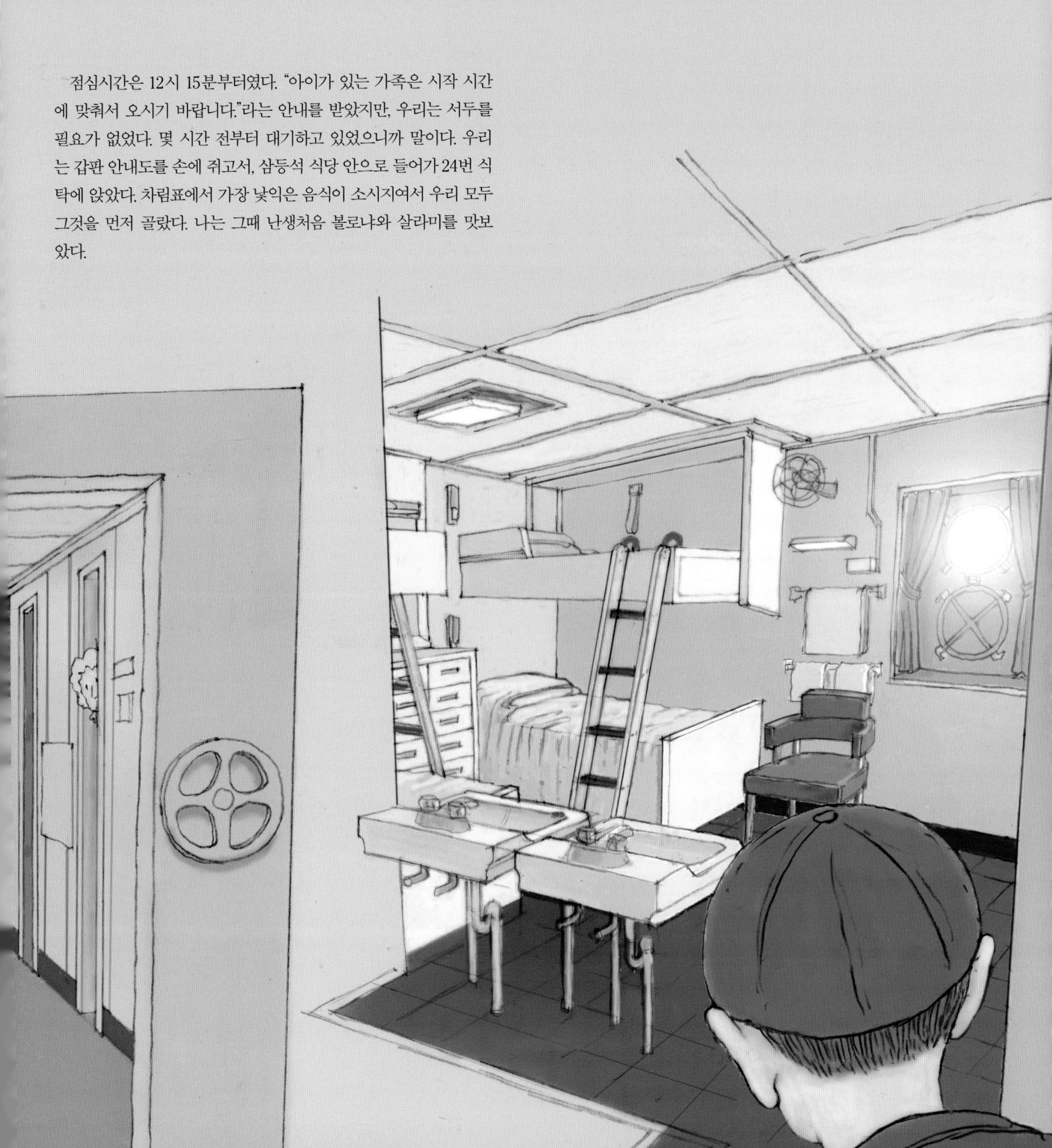

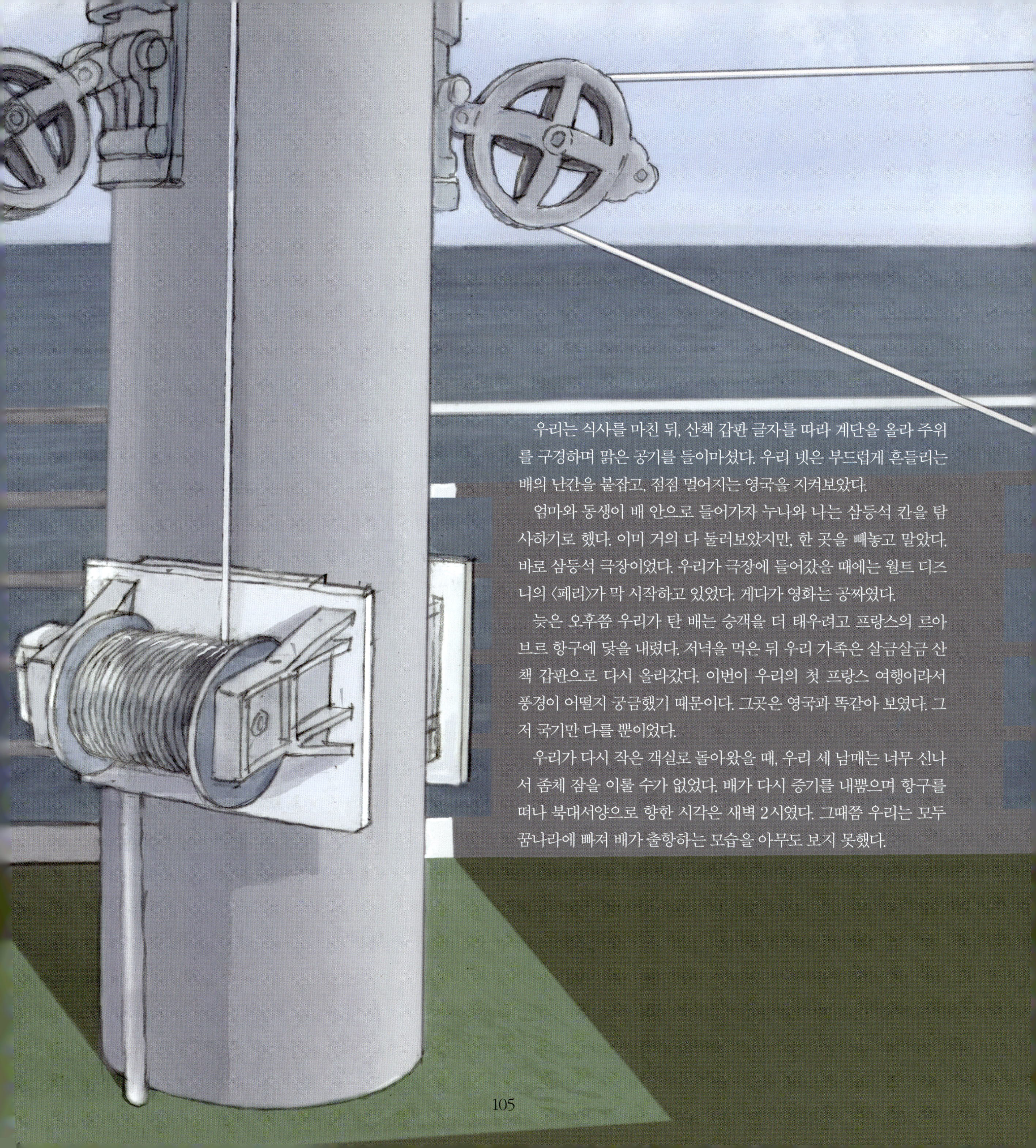

우리는 식사를 마친 뒤, 산책 갑판 글자를 따라 계단을 올라 주위를 구경하며 맑은 공기를 들이마셨다. 우리 넷은 부드럽게 흔들리는 배의 난간을 붙잡고, 점점 멀어지는 영국을 지켜보았다.

엄마와 동생이 배 안으로 들어가자 누나와 나는 삼등석 칸을 탐사하기로 했다. 이미 거의 다 둘러보았지만, 한 곳을 빼놓고 말았다. 바로 삼등석 극장이었다. 우리가 극장에 들어갔을 때에는 월트 디즈니의 〈페리〉가 막 시작하고 있었다. 게다가 영화는 공짜였다.

늦은 오후쯤 우리가 탄 배는 승객을 더 태우려고 프랑스의 르아브르 항구에 닻을 내렸다. 저녁을 먹은 뒤 우리 가족은 살금살금 산책 갑판으로 다시 올라갔다. 이번이 우리의 첫 프랑스 여행이라서 풍경이 어떨지 궁금했기 때문이다. 그곳은 영국과 똑같아 보였다. 그저 국기만 다를 뿐이었다.

우리가 다시 작은 객실로 돌아왔을 때, 우리 세 남매는 너무 신나서 좀체 잠을 이룰 수가 없었다. 배가 다시 증기를 내뿜으며 항구를 떠나 북대서양으로 향한 시각은 새벽 2시였다. 그때쯤 우리는 모두 꿈나라에 빠져 배가 출항하는 모습을 아무도 보지 못했다.

다음 날 아침부터 매일 내가 눈만 뜨면 한 일은 엠파이어 스테이트 빌딩이 보이는지 현창 밖을 내다보는 것이었다. 내 머릿속에는 온통 그 빌딩을 보고 싶다는 생각뿐이었다. 배에서 첫 아침 식사를 한 누나는 어느새 친구를 사귀었다. 그래서 나는 10시 30분에 시작하는 영화 〈페리〉를 한 번 더 보고, 오후에는 〈파자마 게임〉을 봤다. 엄마는 배에서 사고가 일어날 가능성이 적다는 점을 마음에 들어 했다. 누나와 내가 삼등석 칸 안에만 있으면 아주 안전하다는 사실에 안도했다. 그때부터 엄마는 며칠 동안 갑판에서 알루미늄 의자에 몸을 기댄 채 담요를 푹 덮고 쉬었다. 엄마의 뱃멀미는 점점 더 심해졌지만, 네 살배기 동생이 배 밖으로 떨어지지 않게 꼭 부둥켜안았다.

나는 다시 산책 갑판으로 올라가 부러운 표정을 지으며 선교 쪽 유리창을 바라보았다. 누군가가 나에게 타륜을 움직여 보라고 초청해 주기를 바라서였다. 언젠가 똑같은 표정을 지어 웨일스의 한 기차역 근처에 있는 신호소에 들어간 적이 있었다. 그런데 바다에서는 내 연기의 설득력이 부족했는지 선장님에게 도통 통하지 않았다. 아마도 선장님은 항해에 신경 쓰느라 너무 바빠서 나를 보지 못한 것일지도 몰랐다.

금요일과 토요일 대부분은 아무런 사건이나 사고 없이 지나갔다. 극장에서는 〈페리〉와 〈파자마 게임〉이 번갈아 가며 상영 중이었고, 내가 보고 싶어 하는 그 빌딩은 전혀 보이지 않았다.

그저 전날보다 다음 날이 조금 더 길게 느껴질 뿐이었다. 나중에야 알았지만, 그것은 그냥 단순한 느낌이 아니었다. 매일 밤 우리가 잠을 자는 동안 친절한 승무원들이 배의 시계태엽을 한 시간씩 뒤로 감아 두었던 것이었다. 승객들이 뉴욕 시차에 적응할 수 있도록 돕기 위해서였다. 그러나 돌봐야 할 세 아이와 함께 흔들리는 배에 닷새 동안 갇혀서 뱃멀미에 시달리는 엄마에게는 고문이나 다름없었다.

토요일 밤에는 특별 공연이 열렸다. 엄마는 특식 차림표를 보면서 당당한 표정으로 주문을 했다. "푸아그라, 프랑스식 버섯 요리, 퀸 올리브(나는 배 이름이라고 착각해서, 굴뚝이 몇 개인지 궁금해했다), 연어 구이로 주세요." 나는 프랑스 초콜릿을 입힌 아이스크림을 주문하고, 머리에 고깔모자를 썼다. 바로 그때 어디선가 사진사가 나타나 우리의 두 번째 사진을 찍어 주었다.

월요일 아침에 현창을 내다보니 전혀 다른 풍경이 보였다. 지평선이 훨씬 가까워졌고, 그 위로 무언가가 솟아 있었다. 나는 6시쯤에 갑판으로 올라가도 좋다는 허락을 받았다. 갑판에 올라가 보니 몇몇 건물과 나무를 어렴풋이나마 알아볼 수 있었다. 그런데 세상에서 가장 높은 건물은? 눈을 씻고 보았지만 그 어디에도 없었다!

바로 그날 아침, 윌리엄 프랜시스 깁스는 사무실로 출근하기 전에 브루클린 해안가로 차를 몰았다. 그리고 자신이 평생 사랑한 배가 항구에 들어서는 모습을 바라보았다. 상황이 허락하는 한 꼭 지키려고 애쓴 그만의 환영식이었다. 아마도 그때가 우리가 서로 마주 보고 서 있던 유일한 순간이었을 것이다.

맨해튼에서 처음 내 눈에 들어온 것은 배터리 공원 주변에 있는 빌딩들이었다. 나는 적어도 '그 빌딩'과 닮은 두 건물을 발견했지만, 둘 다 아니었다. 그러다가 배가 허드슨강 쪽으로 방향을 돌렸을 때, 비로소 그 빌딩이 내 눈에 들어왔다. 나는 실망하지 않았다. 그저 멍할 뿐이었다.

《어린이 과학 백과사전》 속 그림에서는 그 빌딩이 주변의 어떤 건물들보다 훨씬 더 컸다. 그런데 아니었다. 내가 그토록 믿고 아끼며 여행 가방 속에 넣은 그 책이 나를 속인 것이었다.

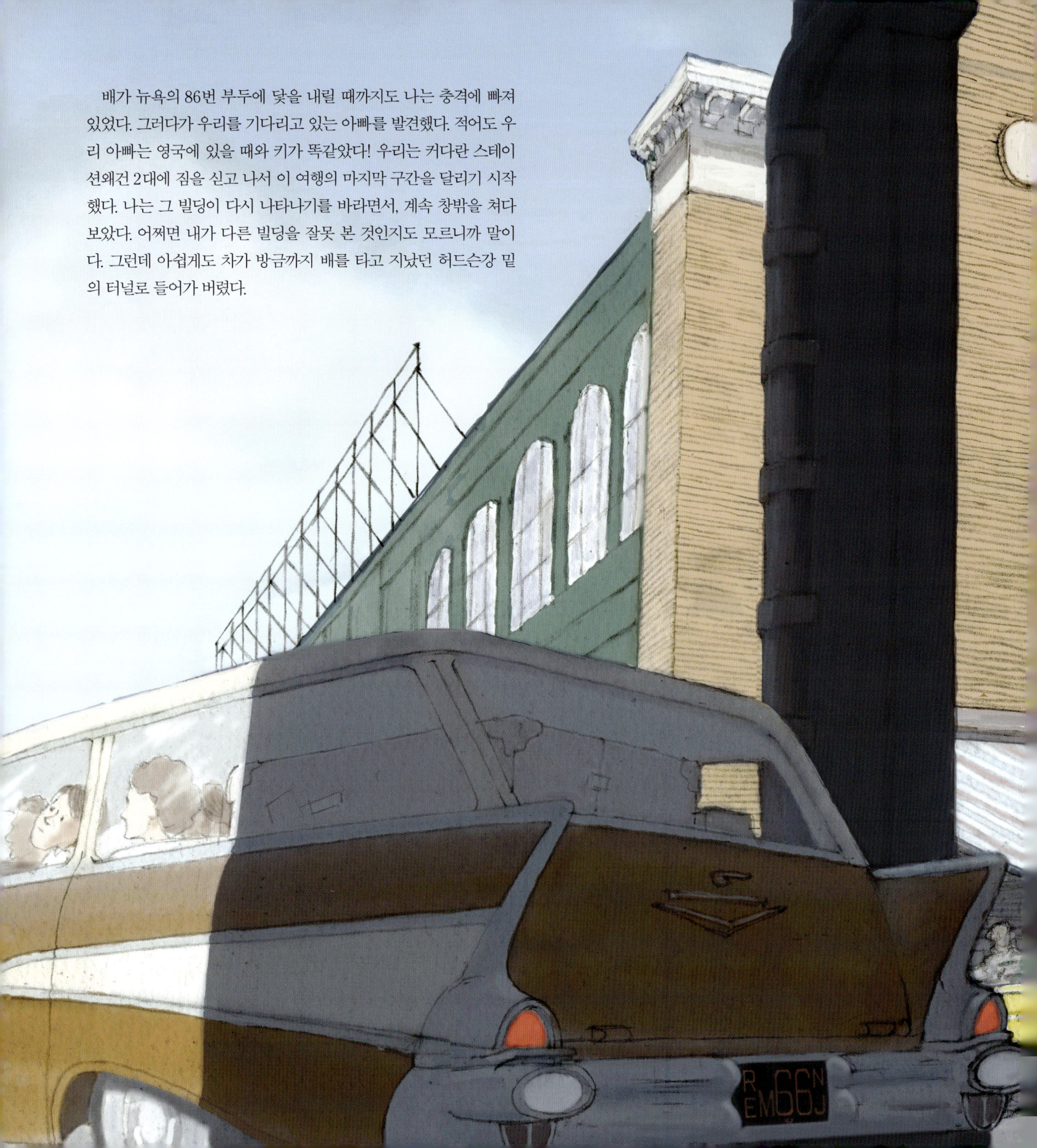

배가 뉴욕의 86번 부두에 닻을 내릴 때까지도 나는 충격에 빠져 있었다. 그러다가 우리를 기다리고 있는 아빠를 발견했다. 적어도 우리 아빠는 영국에 있을 때와 키가 똑같았다! 우리는 커다란 스테이션왜건 2대에 짐을 싣고 나서 이 여행의 마지막 구간을 달리기 시작했다. 나는 그 빌딩이 다시 나타나기를 바라면서, 계속 창밖을 쳐다보았다. 어쩌면 내가 다른 빌딩을 잘못 본 것인지도 모르니까 말이다. 그런데 아쉽게도 차가 방금까지 배를 타고 지났던 허드슨강 밑의 터널로 들어가 버렸다.

터널 반대편은 뉴저지였다. 새파란 하늘 아래 넓은 도로 위로 차가 수없이 오가고 있었다. 나는 그렇게 많은 차를 처음 보았다. 지나가는 차들은 모두 아주 컸다. 또 모든 차가 영국과 반대 방향으로 달리고 있었다. 다행히 우리 차도 그랬다.

이윽고 우리 차는 큰 도로를 빠져나와 더 좁은 도로를 따라 계속 달렸다. 이곳의 집들은 볼턴과 달리 모두 똑같은 벽돌로 지어졌거나 나란히 붙어 있지 않았다. 집집마다 크기와 모양과 색깔이 달랐다. 그리고 거리에도 마당에도 나무가 자라고 있었다.

닷새 뒤, 내가 새로운 동네를 탐험하느라 바빴을 때 겨우 15킬로미터 떨어진 곳에서 유나이티드 스테이츠호가 증기를 내뿜으며 대서양으로 떠났다. 119번째 운항이 이미 시작된 것이다.

이따금 놀라운 일도 있었지만, 나는 새로운 일상생활에 서서히 익숙해졌다. 날씨가 맑으면 학교를 오갈 때마다 지나던 철길 끝에 엠파이어 스테이트 빌딩으로 분명해 보이는 건물이 눈에 들어왔다.

보이스카우트 활동을 마치고 같은 길로 돌아오던 어느 날 밤이었다. 나는 어딘가에서 반짝이는 섬광등을 보았다. 그 빌딩 꼭대기에서 밝힌 불빛이 틀림없었다.

첫 만남에서 받은 실망감은 그 불빛을 보는 순간 싹 사라졌다. 대신 한 가지 확신이 내 마음속에 깊이 새겨졌다. 세상에서 가장 높은 건물이라며 대서양 건너편에서 나를 제대로 속인 그 빌딩이 실제로는 밤낮으로 나를 지켜보고 있었다는 확신이었다. 이 낯선 땅이 내 고향이 될 때까지 말이다. 나는 60년이 지난 지금까지도 그 순간을 생생하게 기억하고 있다.

맺음말

놀랄 일도 아니지만, 초대형 쾌속 여객선은 결국 인건비, 연료비를 포함한 각종 비용과 시간 효용의 상승 때문에 쇠락했다. 물론 가장 큰 원인은 비행기였다. 내 아버지 같은 사람들이 출장 길에 바다에서 5일을 보내는 일은 사치가 되었다. 내 어머니의 말을 빌리자면, 어떤 일이 있어도 피해야 할 경험인 셈이다.

그러나 필라델피아에 살던 어린 윌리엄 깁스가 첫 진수식을 보았던 곳에서 겨우 8킬로미터 떨어진 델라웨어강에 그의 상상력이 이뤄낸 결과물이 지금도 떠 있다. 유나이티드 스테이츠호는 1969년 이래로 자신의 동력으로 항해한 적이 없다. 이 배에 패배한 퀸 메리호는 약간의 상상력과 노력 덕분에 캘리포니아 남부에서 일광욕을 즐기고 있는 반면에, 이 "세계 챔피언"은 컨테이너 더미 뒤에 자리를 잡았다. 그나마 이케아 카페에서 스웨덴식 미트볼을 먹을 때 가장 잘 보인다. 이렇게 볼 수 있는 것도 실은 이 배가 오랫동안 남아야 할 가치가 있다고 믿는 이들의 의지, 고집, 낙관주의 덕분이다. 유나이티드 스테이츠호는 지금도 우아하고 인상적이지만, 세월의 흐름에는 어쩔 수 없는 모양이다. 반짝이던 검은 페인트는 여기저기 오그라들며 서서히 벗겨져 나가고 있다. 피부가 벗겨지고 있는데, 과연 그 배의 뼈대가 온전할 수 있을까?

우리는 미래를 생각하는 만큼, 때때로 과거를 돌아보아야 한다. 과거는 우리가 무엇을 성취했는지를 일깨우기 때문이다. 그것이 바로 인류가 걸어온 무형 문화와 유형 문화를 보존하는 이유다. 그리고 그런 이정표들이 원래 임무를 마친 뒤에도 남아 있다면, 새 임무를 찾아 맡기는 것이 바로 우리가 할 일이다. 유나이티드 스테이츠호는 그런 이정표 중 하나이며, 지금도 우리에게 영감을 주는 훌륭한 본보기이다. 이 배가 사라진다면, 사람들의 기억 속에서 곧 사라지고 말 것이다.

뉴욕에 있는 출판사를 방문할 때마다 나는 기차를 탄다. 한때 영광을 누렸지만, 고속도로 건설업자, 자동차 제조업자, 지난 세대의 근시안적 정책 결정자들 때문에 쪼그라들 대로 쪼그라든 교통수단이다. 도시에 가까워질 때면, 나는 지금도 '그 빌딩'이 언뜻 비치는 순간을 놓치기 싫어서 창밖을 바라본다. 그리고 따분하고 북적북적한 펜역으로 이어지는 터널 속으로 기차가 들어갈 때까지 점점 커지는 그 빌딩을 지켜본다. 기차에서 내리자마자 나는 인간이 할 수 있는 한 최대한 빨리 이 지하 미로에서 빠져나와 플랫아이언 빌딩(뉴욕 맨해튼의 유명한 랜드마크)으로 발걸음을 옮긴다. 그러다가 5번가에 멈춰 서서 엠파이어 스테이트 빌딩을 다시 한번 올려다본다. 나는 여전히 그 빌딩을 볼 때마다 매번 뭉클해진다.

엠파이어 스테이트 빌딩과 유나이티드 스테이츠호는 둘 다 내 《어린이 과학 백과사전》에 실려 있었다. 나는 배를 타고 가는 내내 엠파이어 스테이트 빌딩을 곧 보게 될 거라는 생각에만 빠져 있어서, 정작 인류가 이룬 진정한 기술적 업적은 우리가 탄 그 배였다는 사실을 알아차리지 못하다가 여러 해가 지난 뒤에야 비로소 깨달았다.

오늘날의 놀라운 기술

고대부터 인류는 경이로운 건설자였다. 인류가 만든 것 중 일곱 가지는 너무나 놀라워서 세계의 7대 불가사의라고 불린다. 7대 불가사의 중에는 무덤이나 신전, 거대한 석상, 도시의 성벽, 등대도 있다.

이런 고대의 불가사의는 당대에 건설자들이 도움을 받을 만한 기계가 없었기에 더욱 놀랍다. 강철을 비롯하여 오늘날 우리가 쓰는 재료 중 상당수도 없었다.

우리는 기계와 재료를 써서 놀라운 건축물과 탈것을 많이 만들고 있다. 이 그림들은 그중 몇 가지다. 고대 사람들이 우리의 놀라운 기술을 본다면 얼마나 놀랄까!

증기선의 역사

1497년 | 존 캐벗이 범선 매튜호를 타고 유럽에서 북아메리카까지 대서양을 횡단한 항해 일정을 최초로 정확히 기록함. 횡단하는 데 35일 걸림.

1710년경 | 토머스 뉴커먼(1664-1729)이 광산에서 물을 퍼내는 실용적인 증기 기관을 최초로 발명함.

1765년 | 제임스 와트(1736-1819)가 개량한 증기 기관을 최초로 설계함. 나중에 매슈 볼턴과 함께 증기 기관을 제작하여 판매함.

1787년 8월 22일 | 존 피치(1743-1798)가 필라델피아 델라웨어강에서 최초의 증기선인 퍼서비어런스호를 선보임.

1804년 2월 21일 | 리처드 트레비식(1771-1833)이 설계한 증기 기관차가 처음으로 레일 위를 증기력으로 운행함.

1819년 5월 | 서배너호가 증기선 최초로 대서양을 횡단함. 증기 기관을 갖추었으나, 항해는 주로 돛을 이용함.

1838년 4월 8-23일 | 대서양 횡단을 목적으로 설계된 최초의 증기선 그레이트 이스턴호가 첫 항해에 나섬. 영국 브리스틀에서 미국 뉴욕까지 15일 12시간 만에 횡단에 성공함.

1886년 8월 24일 | 윌리엄 프랜시스 깁스가 금융업자인 윌리엄 워런 깁스와 프랜시스 에어스 깁스 사이에서 태어남.

윌리엄 프랜시스 깁스와 프레더릭 깁스 형제.
(수잔 깁스/유나이티드 스테이츠호 보전 협회 제공)

1919년 | 윌리엄 깁스가 국제 상업 해상 회사(International Mercantile Marine Company)의 건설부장이 됨. 독일에서 만든 여객선이었지만, 제1차 세계 대전 때 미군 수송함으로 운용하던 파터란트호를 다시 여객선으로 개조할 수 있는지 조사함. 이 배는 이후 리바이어던호라고 불림.

1922년 | 윌리엄과 프레더릭 형제가 깁스브라더스라는 조선공학 회사를 설립함(1929년 다니엘 콕스가 합류하여 깁스 앤드 콕스로 상호를 바꿈). 이 회사는 지금까지도 해군 함정 및 민간 선박의 설계와 건조를 운영하고 있음.

1926년 6월 26일 | 필라델피아에서 윌리엄 깁스가 설계한 첫 대양 여객선 말로로호의 진수식이 열림.

1939년 8월 31일 | 윌리엄 깁스가 유나이티드스테이츠 해운사를 위해 설계한 여객선 아메리카호의 진수식이 버지니아 뉴포트뉴스에서 열림. 1940년 8월 첫 운항에 나섬.

1941년 12월 | 미국이 일본과 그 동맹국에 선전포고를 하고 제2차 세계 대전(1945년 종전)에 참전함. 깁스가 설계한 아메리카호와 여객선들은 군인 수송함으로 개조됨.

1949년 4월 | 유나이티드스테이츠 해운사와 미국 정부가 깁스 앤드 콕스에 유나이티드 스테이츠호의 설계를 맡김.

1950년 2월 8일, 유나이티드 스테이츠호의 첫 번째 용골 조각을 드라이 도크 안에 내려놓는 용골 거치식 거행.
(리처드 래비트/유나이티드 스테이츠호 보전 협회 제공)

1951년, 항공기에서 내려다본 드라이 도크 안 완공 직전의 유나이티드 스테이츠호.
(리처드 래비트/유나이티드 스테이츠호 보전 협회 제공)

1952년 5월, 유나이티드 스테이츠호의 시운전 날.
(유나이티드 스테이츠호 보전 협회 제공)

1952년 7월 3일, 뉴욕을 떠나 첫 운항을 시작하는 유나이티드 스테이츠호. 깁스 앤드 콕스 사무실에서 찍음.
(로버트 G. 렌저/유나이티드 스테이츠호 보전 협회 제공)

1950년 2월 8일 | 첫 번째 용골 조각이 놓이면서 유나이티드 스테이츠호의 건조가 시작됨.

1951년 6월 23일 | 버지니아 뉴포트뉴스에서 유나이티드 스테이츠호의 진수식이 열림.

1952년 7월 3-6일 | 유나이티드 스테이츠호가 뉴욕에서 유럽까지 첫 운항을 하며, 3일 10시간 40분이라는 대서양 횡단 기록을 세움.

1957년 9월 25-28일 | 당시 열 살이던 데이비드와 맥컬레이 가족이 영국 사우샘프턴에서 미국 뉴욕까지 유나이티드 스테이츠호를 타고 첫 대서양 횡단 여행을 함.

1958년 10월 | 유나이티드 스테이츠호가 대서양 횡단 여객선으로는 처음으로 정기 운항을 시작함.

1967년 9월 6일 | 윌리엄 깁스가 향년 81세를 일기로 뉴욕에서 사망함.

1969년 10월 | 유나이티드 스테이츠호가 마지막 대서양 횡단 운항을 400회로 마침. 11월에 정밀 검사를 받기 위해 뉴포트뉴스로 되돌아갔지만, 검사를 받는 대신에 운항 중단을 결정함. 두 번 다시 자체 동력으로 운항하지 못함.

특별 공연의 밤.

1996년 | 유나이티드 스테이츠호가 필라델피아의 84번 부두로 옮겨짐. 지금도 그곳에 정박해 있으며, 1999년 미국 역사 기록물로 등재됨.

2011년 | 미국 정부가 유나이티드 스테이츠호를 보존하기 위해 매입함. 수리 후 대양 여객선 시대를 상징하는 기념물로 보존할 예정임. 이 배의 구조와 역사, 승객과 선원의 선상 생활, 향후 계획에 관한 정보는 보전 협회 웹사이트(ssusc.org)를 참조 바람.

유나이티드 스테이츠호가 뉴욕항에 도착하는 모습을 지켜보는 윌리엄 깁스.
(마빈 코너/게티 이미지 제공)

감사의 말

도움을 주신 많은 분께 감사를 드립니다.

수잔 깁스는 내가 쏟아내는 많은 질문에도 지친 기색 없이 흔쾌히 답해 주고, 번뜩이는 유머로 올바른 방향을 제시해 주었으며, 이 책을 한결같이 응원해 주었다.

스티브 페리는 유나이티드 스테이츠호에 관해 가공할 지식을 갖추었다(말 그대로다. 물어볼 때 조심하기를). 내가 질문을 할 때마다 그는 교사이자 학생의 입장에서 그 이상의 답을 알려 주려고 자신이 모은 자료를 쉴 새 없이 뒤적거렸다.

윌리엄 디베네데토와 마크 페리는 유나이티드 스테이츠호의 건조 과정과 선체 내부의 사진 자료를 기꺼이 보여 주었다. 윌리엄 프랜시스 깁스의 도면과 물품을 보여 준 버지니아 뉴포트뉴스에 있는 크리스토퍼 뉴포트 대학교의 선원 박물관 도서실 직원들과 인근에 있는 선원 박물관(The Mariners' Museum)의 톰 무어에게도 감사를 전한다.

유나이티드 스테이츠호의 현재 모습을 찍은 사진은 카일 오버, 브라이언 키트너, 제프 캣츠의 도움을 받았다.

대형 도면과 세부 설계도는 깁스 앤드 콕스의 키스 하버에게 도움을 받았다.

배를 만들 당시 뉴포트뉴스 조선소와 드라이 도크 회사의 건설 현장에 관한 생생한 정보는 그 배의 건조에 참여한 조선 기술자인 앨린 파이프에게 직접 들었다.

배의 운항에 관한 정보는 배의 안내원, 사진사, 삼등석 극장 안내원으로 일했던 조지프 로터, 배의 엔진을 조작하는 기술자인 로버트 스텀과 니콜라스 랜디악에게 직접 들었다.

필라델피아로 배가 옮겨지기 전까지 뉴포트뉴스에서 배를 관리하던 짐 린드플레시는 항해 때 으레 싣는 식료품 목록은 물론 온갖 정보를 요청할 때마다 기꺼이 답해 주었다.

온라인: 주로 노르웨이에서 아메리카로 온 이민선에 관한 자료가 중심이긴 하지만, 노르웨이헤리티지의 웹사이트에는 선박의 세부 정보와 사진이 많이 실려 있다. 댄 트라첸버그는 실내 장식들이 제거되기 전과 후의 모습을 이 배의 관광 안내용 비디오 두 편에 이루 헤아릴 수 없이, 정말로, 상세히 담았다. 마크 페리와 그의 쉽긱(Ship Geek) 제작사는 대서양 횡단 여행객들이 찍은 많은 동영상을 수집하여 제공하고 있다. 보스턴 공립 도서관은 리바이어던호의 멋진 사진들을 보관하고 있으며, 위키피디아는 선박의 역사를 적절히 상호 연결하여 볼 수 있는 뛰어난 참조 자료를 제공한다.

몇 차례나 마감 시한을 미루고 다시 정하는 동안에도 인내심을 갖고 지켜봐 주고, 매번 통찰력 있는 유익한 질문을 던지며 무엇보다 나에게 몹시도 필요했던 격려를 해 준 출판업자이자 편집자 사이먼 보턴에게 감사를 표한다.

출판계 관계자나 나와 관련 있는 출판계 사람들-내가 방향을 잃었을 때조차 사려 깊게 초고와 개고를 열정적으로 살펴봐 준 멜라니 크루파, 린다 데이비스, 수잔 블룸에게 감사를 전한다.

늘 평정을 유지하며 나를 응원해 주는 사랑하는 아내 루시 머리에게도 고마움을 전한다. 아내는 내가 처음 이 책을 기획했을 때 환영했지만, 4년이나 지난 뒤에도 내가 계속 흔들리는 모습을 보이자 좌절할 때도 있었다. 하지만 비판적인 안목과 객관적인 태도가 필요할 때마다 나를 어둠에서 꺼내 주었다. 아내 덕분에 결과적으로 훨씬 나은 작품이 완성되었다.

마지막으로 오랜 세월 나를 늘 지지해 주시고, 특히 이 책이 실현될 날을 손꼽아 기다리셨던 부모님 조앤과 제임스 맥컬레이께 감사드린다. (비록 나의 부친은 그 배를 타지 않았지만,) 부친이 1957년 미국으로 이주하겠다고 결정한 덕분에 누나와 동생과 나는 영국에서는 접할 수 없었던 기회를 얻게 되었다. 그러므로 이 책을 두 분께 바친다.

2014년 6월, 필라델피아, 유나이티드 스테이츠호의 해치에서 밖을 내다보는 저자 데이비드 맥컬레이.
(카일 오버/ 유나이티드 스테이츠호 보전 협회 제공)

사랑하는 나의 부모님, 조앤과 제임스 맥컬레이 두 분께 이 책을 바칩니다.

유나이티드 스테이츠호 보전 협회는 우리의 기억 속에서 "미국을 대표하는 가장 중요한 선박"이 영원히 사라지는 일을 막기 위해 앞장서고 있다. 비영리 기구인 이 협회는 유나이티드 스테이츠호의 유지와 복원, 더 나아가 재활용 방안을 모색하고 있다. 또 세계에서 가장 빠른 초대형 여객선이었던 이 배를 우리가 계속 볼 수 있도록 세계 최대 규모로 관련 물품과 기록물을 모으고 있다. 더 많은 정보는 다음 두 웹사이트(ssusc.org, wearetheunitedstates.org)를 참고하기 바란다.

옮긴이_이한음

서울대학교에서 생물학을 공부했고, 전문적인 과학 지식과 인문적 사유가 조화된 번역으로 우리나라를 대표하는 과학 전문 번역가로 인정받고 있다. 케빈 켈리, 리처드 도킨스, 에드워드 윌슨, 리처드 포티, 제임스 왓슨 등 저명한 과학자의 대표작이 그의 손을 거쳐 갔다. 과학의 현재 흐름을 발 빠르게 전달하기 위해 과학 전문 저술가로도 활동하고 있다. 옮긴 책으로는 《놀라운 나비들》, 《후덜덜덜 세상을 떨게 한 감염병 이야기》, 《인체 박물관》, 《내가 동물원에서 일한다면?》, 《매머드 사이언스》 등이 있으며, 저서로는 《바스커빌가의 개와 추리 좀 하는 친구들》, 《청소년을 위한 지구 온난화 논쟁》 등이 있다.

감수_정준모

인하대학교 선박해양공학과를 졸업하고, 동대학원에서 선박공학과 석사 학위를 받았다. 울산대학교 대학원에서 조선 및 해양공학과 박사 학위를 받았다. 현대중공업 선박해양연구소 구조연구실 책임연구원, 해양기본설계부 차장을 거쳐 현재 인하대학교 조선해양공학과 교수로 재직 중이다.

데이비드 맥컬레이
아주 크고 빠른 배

글·그림 데이비드 맥컬레이
옮김 이한음
감수 정준모

1판 1쇄 발행 2021년 8월 13일
1판 2쇄 발행 2021년 12월 30일

펴낸이 김영곤
키즈사업본부장 김수경 **기획편집** 홍희정 오지애 **디자인** 한성미 김단아 **교정교열** 이영애
아동마케팅영업본부장 변유경 **아동마케팅** 김영남 문윤정 이규림 고아라 최예슬 이해림 황혜선
아동영업 이도경 오다은 김소연 **특판영업** 한충희
해외기획 최연순 **제작** 이영민 권경민

펴낸곳 ㈜북이십일 아울북
출판등록 2000년 5월 6일 제406-2003-061호
주소 (우 10881) 경기도 파주시 회동길 201
대표전화 031-955-2100 **팩스** 031-955-2177
홈페이지 www.book21.com

ISBN 978-89-509-9426-6 73500

*책값은 뒤표지에 있습니다.
*잘못 만들어진 책은 구입하신 서점에서 교환해 드립니다.

- 제조자명 : ㈜북이십일
- 주소 및 전화번호 : 경기도 파주시 문발동 회동길 201(문발동) / 031-955-2100
- 제조년월 : 2021.12.30.
- 제조국명 : 대한민국
- 사용연령 : 4세 이상 어린이 제품